당신이어서 해낼 수 있습니다

대체 불가능한 '나'로 만드는 서른의 성장법

당신이어서
해낼 수
있습니다

이은진
지음

| × ✳ ✳ ☀

위즈덤하우스

$$| \quad \times \quad * \quad * \quad *$$

서른,
넥스트 스텝을 꿈꿔라

가면 증후군Imposter Syndrome.

자신의 성공이 노력이 아니라 순전히 운으로 얻어진 것이라 생각하고 불안해하는 마음이라고 한다. 세상 똑똑한 사람들 틈에서 나만 뒤떨어지는 것 같아 숨어버리고 싶었을 때가 있었다. 투자 은행으로 유명한 골드만삭스에 있던 시절이다.

상경계열 전공도 아닌 내가 몇 개월에 걸쳐, 무려 10회 넘는 면접 끝에 글로벌 금융 회사에 입사했을 때, 세상을 다 가진 것마냥 무척 기뻤다. 누구의 도움도 없이 혼자 그 과정을 겪고 합격한 것은 나에게 큰 자신감을 안겨주었다. 골드만삭스에서 신입직원 오리엔테이션 시간에 강조했던 문장이 하나 있다.

We only hire the best and the brightest.
우리는 가장 뛰어난 최고 인재만을 채용합니다.

회사생활을 하면서 이 문장은 나에게 자부심과 자괴감을 동시에 안겨주었다. 골드만삭스는 업무용 메일을 쓸 때 I(나) 대신 We(우리)를 주어로 사용할 정도로 팀워크를 중시하는 곳이고 그런 회사 문화를 장착한 나의 동료들은 협력과 배려는 물론 스마트함까지, 너무 훌륭하고 매력적이었다. 의욕도 넘치고 일도 잘하는 그들은 나의 레퍼런스가 되기에 충분했고 그들과 함께 일한다는 사실이 자랑스러웠다.

하지만 수시로 있던 미팅시간마다 나는 식은땀이 났다. 나의 부족함을 들키진 않을까, 나는 왜 다른 동료들만큼 못하는 것 같을까, 내가 하는 말이 바보같이 들리진 않을까, 과연 얼마나 버틸 수 있을까라는 두려움과 초조함을 늘 안고 있었다. 나는 상경계 전공이 아니니까, 나는 원어민이 아니니까, 그래서 남들보다 두 배, 세 배는 더 열심히 노력해야 한다는 내 안의 목소리가 들렸다. 그런 생각이 들 때마다 내 발걸음이 향하던 곳은 언제나 회사 화장실 마지막 칸이었다.

'나는 바보인가.'

화장실에 앉아서 문고리를 잠그고 천장을 바라보며 나는 왜 이것밖에 안 되는 걸까, 자책감과 답답함에 한숨을 쉬면서 앉아 있었다. 아무도 나한테 억지로 이곳에서 가족에 대한 그리움을 삼켜가며 있으라고 하지 않았는데, 무슨 부귀영화를 누리겠다고 타지에서 이렇게 괴로워하는 걸까. 그냥 다 내려놓고 한국으로 돌아갈까라는 생각을 한 적도 많았다. 힘들면 애쓰지 않아도 돼, 라는 생각을 하기도 했지만 충동적으로 포기하기엔 그동안의 노력들이 아까웠다. 내려놓기 전에 내가 할 수 있는 노력을 미련없이 모두 쏟아보고 싶은데 참 쉽지 않았다.

그러던 어느 날, 같은 부서에서 일하던 동료와 함께 점심을 먹었다. 평소에도 너무나 야무진 그녀에겐 일 고민 따위 전혀 없어 보였다. 무슨 일이든 잘해내는 그녀가 부럽다고 하자 그녀가 미소를 지으며 말했다.

"나도 실수할 때도, 불안할 때도 정말 많아. 아직 불완전하지만 조금씩 더 배워가는 중이야."

완벽하게만 보이는 그녀도 불안하다는 생각을 갖고 있다니, 의외였다. 그녀는 나에게 지금도 충분히 잘하고 있으니 너무 걱정하지 말라고 했다. 우리 모두는 이미 잘하고 있다고, 우리는 인간이기에 실수할 수도 있고 완벽하지 않아도 된다고 했다. 그동안 해온 만큼, 내가 준비한 만큼 결과물을 내면 된다고 했다. 골드만삭스에서 만난 동료들의 자신감 넘치는 모습은 다름 아닌 스스로에 대한 믿음에서부터 비롯되는 것이었다. 타인의 시선을 의식하며 불안해하기보다는 나 자신의 실력을 믿고 일하되, 부족한 부분은 조금씩 개선해나간다는 생각.

인턴 생활을 시작으로 지금 싱가포르에 정착한 지도 벌써 16년이 넘어간다. 나는 바클레이즈 은행, 골드만삭스를 거쳐 싱가포르에 위치한 글로벌 금융 회사들에서 일했다. 외국계 금융 기관에서는 아시아 태평양 지역 세일즈, 사업 개발, 경영 지원 등 다양한 업무들을 수행하면서 업무 능력을 넓혀왔다. 지금은 오래 몸담았던 금융계를 떠나 새로운 업계인 블록체인 회사에서 글로벌 파트너십 파트장을 맡아 독자적인 블록체인의 우수한 기술을 알리고 여러 주요 글로벌 기업들과 협업하여 웹 3.0 프로젝트들을 기획하고 생태계를 확장하는 역할을 맡고 있다. 패션, 화장품, 제조업, 건설, 의료, 금융, 테크 등과 같은 파트너사들이 어떻게 블록체인 기술을 적용할 수 있을지 컨설팅하고 디지털 전환 전략을 함께 논의하고 기획하며 협업하는 것이다.

이 책은 나의 '업적'을 자랑하기 위한 것이 아니다. 나처럼 '회사원'이라는 브랜드 뒤에 진짜 내 이름 석 자만으로 전할 수 있는 가치가 무엇인지 고민하는 사람들을 위해 조금이나마 실질적인 커리어 팁과 용기를 전하고 싶었다. 20~30대에 고민과 불안과 열정으로 뒤범벅되어 해외에서 고군분투했던 나의 시간들이, 서른 즈음을 넘기며 자신의 영역을 확장하기 위해 수많은 벽에 부딪히고 있는 사람들에게 도움이 되면 좋겠다는 마음이다.

회사는 커리어의 '플랫폼'이지 커리어의 목표는 아니다. '나'다움을 녹인 커리어 콘텐츠를 디자인하는 법을 알아야 다음 단계로 넘어갈 수 있다. 때로는 스스로가 먼지처럼 느껴질 만큼 쭈구리 모드가 되지만(나 역시 늘 그러하다!), 우리 모두 '다음의 질문'을 품고 산다면 얼마든지 성장할 수 있다고 믿는다.

시간이 훌쩍 흘렀지만 내가 부족하다는 생각을 완전히 극복하진 못했다. 정답을 찾은 것도 아니다. 하지만 지금은 외부의 시선에 대한 불안감은 덜어내고, 앞으로 채워갈 미래의 모습에 집중하려 한다. 이 시간을 보내고 나면 1cm 정도는 더 성장해 있을 모습이 기대되기 때문에, 예전만큼 괴롭지 않은 여유가 조금은 생긴 것 같다. 타인이 아닌 어제의 나를 되돌아보면서 일 내공들도 단단하게 쌓아가는 중이다. 한 번에 성공하지 않더라도 나의 가능성을 믿고, 수없이 많은 거절들 앞에서도 의심하지 않고 변함없이 지지하고 응원해주는 든든한 서포터가 바로 '나'이길 바란다.

차례

1장
나의 성장 그래프는 우상향인가

2장
서른부터 달라지는 사람들이 일하는 법

3장
나만의 미 타임 갖기

4장
나만의 커리어 기둥을 세워라

5장
커리어의 변화를 꿈꾸는 길목에서

1장

나의 성장 그래프는 우상향인가

'나'다운 커리어를
쌓아야 한다

내가 있던 금융계는 구조조정이 정말 많은 곳이다. 일을 잘하고 못하고의 여부와는 상관없이 회사의 결정에 따라서 커리어가 좌우되기도 하는 것이다. 이는 뒤집어 말하면 고용유연성이 높기 때문에 내 의지와 상관없이 회사를 그만두게 되었다 할지라도 그 이후에 전화위복이 되어 더 좋은 회사로 이직하는 경우도 많다는 뜻이다. 그렇기 때문에 갑작스런 변화에 절망감을 느낄 필요는 없지만 그래도 그곳에 있는 동안 무시무시한 상황들이 적응이 안 되었던 건 사실이다. 커리어 성장에 의미 부여를 많이

하고 열심히 일을 하는 사람들일수록 그 충격이 클 수밖에 없다. 그동안 쏟아부은 나의 시간, 노력들이 무의미해지고 존재가 부정당하는 듯한 느낌이랄까.

눈부신 아침 햇살을 닮은 친한 동료가 있었다. 우리는 커피를 함께 자주 마시며 서로의 애환을 케어해주는 사이였다. 그런데 평소처럼 함께한 커피가 그녀와의 마지막 커피일 줄은 몰랐다. 점심시간이 지나고 별안간 매니저가 그녀를 사무실로 호출했고 구조조정으로 인해 정든 일터를 바로 떠나야 했다.

방금 전까지만 해도 열심히 일하던 동료였는데, 쓸쓸하게 떠나는 그녀의 뒷모습을 보면서, 온갖 감정들이 섞여서 말로 표현할 수 없는 느낌이 들었다. 슬프기도 안타깝기도 하고 얼마나 허탈할까 하는 마음이었다. 매일 같이 열심히 야근하면서 정든 친구였는데 작별인사를 할 겨를도 없이 그렇게 허무한 이별을 겪었다.

그런가 하면 갑자기 상무님이 되어 나타난 후배도 있었다. 오랜만에 연락 온 친구가 이름 있는 유럽

계 회사에 면접을 보게 되었다고 했다. 그런데 W를 아는지 물어보는 것이었다. 예전 회사에서 나와 같은 팀에 있었던 후배였다. 주어진 일을 열심히 성실하게 하는 선한 인상의 좋은 친구였다. 팀에서도 사람들과 관계나 평판 관리에 굉장히 신경을 많이 쓰는 친구였다.

그가 다른 동료들과 특별히 다른 점이 있다면, 바로 승진에 대해서 엄청난 열망이 있었다는 것이었다. 그와 나눈 대화에서는 앞으로의 커리어 플랜에 대한 주제가 대부분이었던 것으로 기억난다. 그는 나와 같은 팀에 1년 정도 일하다가, 다른 회사에서 좋은 기회가 왔다며 이직을 한 이후로는 소식이 끊겼었다.

그랬던 그가 어느덧 상무 직급이 되어 있었고 그 회사의 면접관이라고 했다. 내 친구는 한때 그가 나와 같은 회사에 다녔던 걸 알고 혹시나 해서 물어본 것이었다. 후배였던 그가 이직 후 고속승진을 거듭해서 벌써 높은 직급에 있다는 말에 성장한 그의 모습이 멋지다는 생각이 들었다.

그 이야기를 듣고 나는 나를 돌아보게 되었다. 지금 나보다 낮은 직급의 후배라고 해서 항상 그 상태로 머물러 있지 않는다. 현재 회사에서의 나의 위치와 역할은 영원하지 않다. 능력이 있으면 언제든지 고속승진을 할 수 있고, 다른 회사에 더 좋은 조건으로 스카우트될 수도 있다. 예전 회사에서도 나보다 나중에 들어온 후배가 팀장을 했던 적이 있었다. 그녀가 신입으로 들어왔을 때 업무 트레이닝을 해줬었는데, 그녀는 뛰어난 실적으로 몇 년 후 팀 리더가 되었다. 특히나 이곳은 업무 성과 없이, 연차에 따라서 자동승진되는 시스템이 전혀 아니었다. 넥스트 스텝의 순서가 정해진 것이 아니라, 언제든지 순서를 바꾸거나 역전하는 것이 가능했다.

조직에 기대지 않아도 단단한 커리어를 쌓아가는 방법은 어떤 것이 있을까. 나의 고민이 그때부터 본격적으로 시작되었다. 해야 할 일과 하고 싶은 일의 조화를 통해, 나다움을 담은 제2의 명함을 만들고 싶었다. 만들어야만 했다. 이런 살벌한(?) 환경들이 아니라도 그럴 이유는 충분하다. 언젠가 동료가 했던 말로 그 이유를 대신해본다.

Yes, people might leave but life still continues.
사람들이 떠나도 우리의 인생은 여전히 계속되
고 있어.

승진 그리고
그 후

얼마 전 봤던 승진 인터뷰의 결과가 발표되었다.

끝이 보이지 않는 코로나 기간 동안 답답하고 무기력하기도 했지만 할 수 있는 한 열심히 일해왔다. 사무실에 있을 때보다도 재택근무를 할 때 더욱 필사적으로 나의 존재감을 드러내고 알려야 했다. 더 많은 일이 주어져도 배울 수 있는 기회로 여기고 받아들이는 한편, 나의 기여도를 실적으로 증명해야 했다.

사회초년생 시절엔 그저 열심히만 하면 승진할 수 있지 않을까란 생각을 막연히 했었다. 그때는 리

더 포지션에 올라가는 게 전부라고 생각했으니. 하지만 승진은 '열심히'만으로 달성되는 단순한 방정식이 아니었다. 묵묵히 시간을 투자하면 혼자만의 노력으로 성과를 낼 수 있는 공부가 아니라 시장 상황, 고객과의 관계, 영업실적, 내부 네트워크, 일 외적 소프트 스킬 등을 다각도로 두루두루 평가받는 게 현실이다. 단순히 '생존'을 위한 버티기 그 이상의 것을 해야 하는 과정이 버겁게 느껴질 때도 종종 있었다. 승진 심사 과정도 마치 새로 회사를 지원하는 것처럼 공식적인 채용공고에 지원하고, 면접을 보고 다른 후보자들과 똑같이 경쟁해야 했다. 저절로 편하게 이루어지는 것이 아니다 보니 혹시 실수를 하진 않을까 하는 긴장의 연속이었지만, 결국 합격 소식을 들었다.

어렵게 달성한 승진이었던 만큼 합격 소식을 듣고 나면 마냥 기쁠 줄로만 알았다. 도전 과제를 설정하고 목표 달성하는 것을 즐기는 나로선 분명 뿌듯한 일이었다. 기다렸던 소식을 듣고 나니 그동안의 결실을 맺은 것에 대한 기쁨과 동시에 짐 하나가 따라왔다. 승진이라는 성취감 뒤에 숨어 있던 중압감과 책임감이 고개를 빼꼼 내밀었다. 무겁게 메고 있던 묵직한 배낭 위에 더 큰 짐 하나가 얹어진 듯한 느낌이 들었다.

앞으로 담당하게 될 분야가 늘어났다. 알아야 할 프로덕트가 많아졌고 주요 고객사들의 미팅들이 줄줄이 기다리고 있었다. 고객사 미팅뿐만 아니라 사내에서도 세부적으로 처리해야 할 것들이 산더미처럼 쌓여 있었다. 아시아뿐만 아니라 미국과 유럽 지역까지 담당해야 하니, 아침 일찍 혹은 밤늦게 이뤄질 미팅 초대장들이 수시로 날아왔다.

나의 위치가 한 단계 더 높아졌지만 해야 할 일들은 배 이상으로 늘어났다. 달라진 환경에 적응하려면 시간이 걸리는 게 당연하겠지만, 쏟아지는 수많은 자료와 새로운 인풋들을 얼른 흡수하고 싶어서 마음만 조급해졌다. 하지만 주니어 때와 다른 점은 주변에서 친절하게 인수인계해주는 사치는 누릴 수 없다는 것, 시니어로서 본인이 알아서 배우고 생존해야 한다는 것이다.

명함 직급 하나가 달라졌을 뿐인데 무게감은 천

지 차이였다. 두려움도 커졌다. 아직 100% 아는 것이 아니다 보니, 잘 모르는 상황에서 섣불리 발언하기도 조심스러웠다. 하지만 회의시간에 아무 말도 하지 않고 있는 건, 무능력하다는 소리나 마찬가지다 보니 사람들의 말을 집중해서 듣고 적어도 의미있는 질문을 던지려고 회의 내내 빼곡한 메모들로 노트가 채워졌다. 하루 종일 릴레이 미팅을 겨우 끝내고 나온 날이면 정신이 너덜너덜, 편두통이 시작되었다.

"축하해. 승진했다니 부럽다. 나는 아직도 말단인데."

오랜만에 만난 옛 동료가 축하인사를 건네면서 말했다. 유명 투자 은행을 거쳐 현재는 한 글로벌 프라이빗 은행에서 일하는 그녀는 금융계 경력만 20년이 훌쩍 넘었다. 나는 오히려 이 치열한 업계에서 오랫동안 서바이벌하고 있는 그녀야말로 정말 대단하다고 생각했는데, 이런 이야기를 들을 줄이야.

사회생활을 시작하고 나서 직장인으로서 이룰 수 있는 성공의 모습에 조금 더 가까워졌지만 한편으로는 더 큰 의미의 성장에 대해 생각해보게 되었다. 비슷한 연차의 동료들보다 느린 지각 인생을 사는 게 아닌가 초조했던 시간들도 있었고 그 시간을 견디고 올라온 이 사다리 너머에 뭐가 있는지 알 수 없어졌기 때문이다.

내가 깨달은 건 회사에서의 성장, 혹은 일에서의 성장은 오직 수직으로만 뻗어가는 건 아니라는 점이다. 수직과 수평, 마치 정글짐처럼 다양한 방향으로 연결되어 넓고 깊게 확장되는 것이다. 즉 속도보다는 방향이다.

회사에서 매년 하는 연말평가에 항상 빼먹지 않고 등장하는 단어가 바로 '커리어 어드밴스먼트 Career Advancement'다. 이 단어에는 속도뿐만 아니라 방향이 포함되어 있다. 승진으로 인해 주어지는 타이틀은 그저 조직 내에서 불리는 명함일 뿐, 회사의 로고와 직함을 지웠을 때, 나는 과연 내 이름 석 자만으로 어떤 맥락을 갖고 있는 사람인가, 라는 질문을 스스로에게 수시로 던져봐야 한다. 남이 부여하는 명함 말고 내가 스스로에게 어떤 타이틀을 지어줄 수 있는지 생각해봐야 하는 것이다.

지금 나의 위치는
어디쯤인가

내 커리어의 방향 설정은 어떻게 해야 할까? 글로벌 회사들에서 커리어를 쌓아오는 동안, 언제나 촘촘하고 주도면밀하게 계획해온 것은 아니었다. 애초부터 계획대로 이룬 것이 하나도 없었다. 내가 원하는 것을 상황에 따라 시도하고, 경험하고, 수정하면서 조금씩 나아갔다. 지금 더 적절한 것, 더 가능성 있는 것들을 모색하면서 이어진 선택들이 모여서 지금의 자리로 이어졌다. 지금도 구체적인 커리어의 최종 목적지를 또렷하게 그릴 수는 없지만 방향성만은 확실히 존재하는데, 그 방향을 잡기 위해서는 현재 나의 위치가 어디인지 인지하는 것이 선행되어야 한다.

여행을 가면 지도가 필요하기 마련이다. 우선 내가 가고자 하는 최종 목적지를 아는 것이 필요하고, 목적지만큼이나 중요한 것이 현재 내가 있는 위치를 파악하는 것이다. 그래야지만 목적지까지의 거리, 가는 시간을 예상하고 다양한 경로를 탐색할 수 있다. 마찬가지로 자신의 커리어 목표를 달성하기 위해서는 일단 나에 대해 아는 것, 그리고 내가 속한 환경에 대해 알아차리는 것, 즉 나만의 GPS가 필요하다. 그렇다면 지금의 객관적인 내 위치는 어떻게 파악할 수 있을까.

주기적으로 나만의 업무로그 쓰기

이것은 내 장점을 수치화하기 위한 거다. 막연하게 생각만 해서는 정확하게 판단하기 힘들다. 업무를 하다 보면 쳇바퀴처럼 돌아가는 일상 속에 파묻히기 쉽다. 불과 어제 먹은 점심 메뉴도 생각나지 않는 경우가 많지 않은가. 가물가물한 기억에 의존하지 말고 정확한 기록을 믿어보자. 기록하지 않으면 기억은 증발해버리기 쉽다. 나만의 업무로그 안에 그동안 내가 해온 일들을 일주일 단위로 기록하는 것이 필요하다. 그리고 이어서 한 달, 분기, 반기, 1년 식으로 단계별로 정리한다. 내가 그동안 해온 프로젝트의 준비, 실행, 결과까지 한눈에 보이도록 기록해나간다. 그렇게 쓰다 보면, 내가 구체적으로 무엇을 하면서 시간을 보냈는지 알아볼 수 있다.

이력서 업그레이드 그리고 면접

프로그램이나 어플에서 주기적으로 버전 업그레이드를 하라는 알람이 뜬다. 마찬가지로 우리의 이력서 역시 주기적으로 업그레이드가 필요하다. 굳이 이직이 목적이 아니더라도 적어도 6개월 단위로는 이력서를 업데이트하고, 혹시 좋은 면접 기회가 온다면 마다하지 않고 경험 삼아 보는 것을 추천한다. 시장에서 나의 위치를 가늠해볼 수 있고, 기회가 다가왔을 때 당황하지 않고 여유 있게 준비할 수 있기 때문이다. 평소에도 꾸준하게 업무 기록을 해놓는다면 이력서를 업데이트할 때도 도움이 된다. 굳이 이직을 준비하지 않더라도 예상치 못한 시기에 외부에서 스카우트 제의를 받을 수도 있다. 시장에서 매력 있는 인재가 되려면 주기적으로 나의 커리어를 돌아보는 관리가 필요하다. 커리어를 아무렇게나 자라는 잡초처럼 내버려두기보단, 마치 정원에서 예쁜 꽃에 물을 주듯이 정성스럽게 꾸준히 관리하는 것이 좋다. 나의 커리어는 다른 누군가가 대신해서 돌봐주는 것이 아니니까.

살아 있는 현장의 목소리를 듣는다

한창 취업을 준비하거나 이직을 알아보던 시절 구직 사이트를 자주 들여다봤다. 지금도 여전히 예전에 키워드 설정을 해둔 알람 메일이 온다. 이직의 생각이 없는 지금은 가끔씩 메일들을 보면서 요즘 수요가 높은 업무 스킬은 어떤지, 현재 시장에서 원하는 트렌드가 어떤지 훑어보기도 한다. 꼭 구직 중이 아니더라도 헤드헌터와 연락을 하면서 요즘 선호하는 직무는 무엇인지 알아볼 수도 있다. 또한 나 스스로를 객관적으로 보기 어려울 때, 나를 잘 아는 사람과 대화를 해보는 것도 도움이 된다. 그 시간을 통해 의외로 내가 모르던 모습을 발견할 수도 있다.

혼자서 끙끙 고민하던 문제가 사람들과의 대화를 통해서 쉽게 해결되기도 한다. 내 안에서 답을 찾기 어려울 때, 현장에서 힌트를 찾을 수 있다는 것을 기억하자.

방황이
꼭 나쁘지만은 않은 이유

매일 쳇바퀴 같은 일상을 살면서, 회사를 다니면서, 잦은 야근에 치이면서 내가 진정 원하는 것이 무엇인지 생각해볼 수 있는 여유가 아예 없었다. 그래서 1~2년간 학생 신분으로 돌아가 커리어에 잠시 쉼표를 찍고 생각해보고 싶었다. MBA에 가면 다양한 업계와 직급의 사람들이 있으니 현장의 이야기를 들어보며 내가 더 잘할 수 있는 분야를 놓치고 엉뚱한 곳에서 일하고 있는 것은 아닌지 확인해보고 싶었다. 그리고 계속 마음속 한구석에서 나를 따라다니던 본질적인 질문이 있었다.

'내가 정말 하고 싶은 건 무엇일까?'

좋아하는 것 내지는 하고 싶은 일을 찾아서 그것을 직업으로 삼는 것이 최고의 방법이라고들 한다. 하지만 회사 선배가 한마디했다.

"일을 어떻게 재미있게 즐기면서 하니? 아무리 재미있는 취미라도 일이 되면 이야기는 달라질걸."

금융권에 다니는 동안 만났던 사람들과 대화를 나누다 보면 제2의 커리어에 대한 고민은 굉장히 흔했다. 삶에 대한 열정을 하나의 직업만으로 담기엔 뭔가 부족해 보였다.

부지런한 친구들은 그런 질문에만 그치지 않고 이미 무언가를 사이드 프로젝트로 조금씩 진행하는 중이었다. 예전 직장에서 인도 출신 동료는 회사원이자 알고 보니 소설가였다. 이미 아마존에도 그의 이름으로 등록된 책이 e북으로 판매되고 있었다. 호주 출신 동료는 회사원이자 알고 보니 F&B사업에 마음이 맞는 몇몇 친구들과 투자하고 있는 투자자이기도 했다. 미국 출신 동료는 회사원이자 밤에는 유명한 바에서 바텐더로 변신했다. 싱가포리언 동료는 국가대표 운동선수이기도 했다. 이런 커리어의 반전이 나에겐 엄청 매력적으로 다가왔다. 특히 제일 부러웠던 건 본인이 열정 있는 그 한 가지의 특정 분야를 찾아냈다는 사실이었다.

관심사가 매우 다양했던 나는 시간은 가는데 에너지를 쏟을 수 있을 그 '어떤 것'을 아직 찾지 못한 것 같아 항상 불안했다. 그 불안함을 잠재우기 위해 일단 여러 가지 경험에 나를 노출시켜보고 싶었다. 그래서 틈만 나면 이것저것 배우기에 바빴다. 학창 시절에는 거의 하지 않았던 사교육을 직장인이 되어서야 모두 섭렵할 기세로 여러 가지에 도전했다. 한때는 외국어에 꽂혀서 중국어, 일본어 학원을 다니다가 또 어떨 때는 춤에 꽂혀서 폴댄스, 벨리댄스, 살사 등을 배우다가, 또 어떨 때는 음악에 꽂혀서 악기를 배우러 다니기도 했지만 얼마 안 가서 이내 흐지부지해져 버렸다. 시작할 때는 의욕이 넘쳤지만 작심삼일마냥 막상 제대로 한 건 없는 것 같아서 허무하기도 했다.

MBA를 통해 생각하는 목표들 중엔 졸업 후 진

정 하고 싶은 일로의 업종 전환이 많은데, 나 역시 대학원 과정을 지나고 나면 저절로 머릿속 전구에 불이 켜지면서 내가 원하는 건 바로 이거구나, 하고 찾을 수 있을 줄로만 알았다. MBA 입학 전형에 포스트 MBA, 즉 졸업 후 나의 이상적인 커리어를 그려보라는 질문도 있었다. 결론적으로 말하자면 그 당시 에세이에서 신나게 썼던 미래와는 전혀 다른 모습으로 지내고 있다. 졸업한 지 꽤 시간이 지난 지금도 나는 여전히 수많은 길 사이에서 방황 중이다.

세상에 다양한 일들이 있는 건 알겠지만 나의 모든 열정과 에너지를 쏟아부을 만한 딱 맞는 일을 찾는 건 쉽지 않다. 이 세상에 자신이 원하는 한 가지 일에 확신과 열정을 갖고 살아가는 사람들이 과연 얼마나 될까. MBA 동기 중에는 원대한 하나의 꿈이나 목표를 향해 간다기보단 그저 주어진 상황에서 주어진 일들을 해내면서 일상 속 소소한 나만의 행복을 찾아가며 살아가는 사람들도 역시 많았다.

아이러니하게도 커리어에 대한 야망으로 시작한 MBA였지만 졸업 후 현재는 소소하지만 나만이

해낼 수 있는 것들에 대한 관심이 많아졌다. 물론 하고 싶은 일을 찾았다는 건 정말 대단하고 축하받을 만한 일이다. 하지만 내가 원하는 일이 뭔지 모른다고 해서 그게 나쁘기만 한 것도 아니다. 오히려 그 한 가지를 정해두지 않았기에 앞으로 할 수 있을 만한 일들의 선택지가 넓어졌다는 의미이기도 하니깐 말이다.

로켓에 올라타는
기회를 잡아라

로켓에 올라타세요. 회사가 빠르게 성장할 때는 많은 충격이 있고 커리어는 알아서 성장하게 되어 있습니다. 로켓에 자리가 나면 그 자리가 어디 위치했는지 따지지 마세요. 우선 올라타세요.

메타(구 페이스북)의 COO였던 셰릴 샌드버그가 하버드 졸업식에서 했던 축사다. 이 영상을 보면서 나에게도 로켓에 타는 기회가 오게 될지, 그리고 온다 한들 과연 새로운 도전을 기꺼이 받아들일지 궁금했었다.

그러다 굉장히 흥미로운 제안을 받았다. 지금까지와는 전혀 다른 업종으로의 도전을 제안받았기 때문이다. 새로운 분야지만 급격하게 성장 중이고 비전이 밝은 곳이다. 그런데 결론이 잘 나지 않았다. 이론적으로는 너무 흥미롭기도 하고 이제까지 해보지 않았지만 빠르게 성장하는 분야라는 건 아는데, 마음 한편에서는 안정적으로 잘 다니고 있는 회사고(물론 승진 후 일이 많아지긴 했지만) 사람들한테 인정도 받고 일도 잘해내고 있는 상황에서 이곳을 박차고 나갈 필요가 있을까란 생각도 들었다.

새로 배우는 것, 성장하는 것, 재미있는 것을 좋아하긴 하지만 커리어에서 '재미'만을 좇기엔 나의 현재 상태에서 고려해야 할 것들이 많아졌다. 내년에 아이가 초등학교에 입학하면 엄마로서 더 챙겨줘야 할 것 같은 생각도 들고, 일도 좋지만 그 외에도 신경 써야 할 것들이 많아지기 때문이다. 이 와중에 아예 새로운 업종으로 도전을 하는 건 너무 무리한 부담이 아닐까.

그렇게 접었다가도 문득 내가 로켓에 타는 기회를 놓치는 것은 아닐까란 생각도 들었다. 물론 이 분야가 로켓이 아닐 수도 있겠지만, 도전을 좋아하는 20대의 나였다면 분명 시도해봄 직했을 일이기 때문이다. 나이가 들어서, 그동안 쌓아놓은 경력을 놓치기 싫어서 나도 모르게 안주하려고 하는 걸까. 만약 그 분야가 평소에 관심이 엄청나게 많았다거나, 더 알아보고 싶은 분야였다면 이렇게까지 고민은 안 했을 텐데, 미래 가능성은 많아 보이지만 어쩌면 시기상조일 수도 있다는 보수적인 생각이 가로막았다. 하지만 승진 후 맛보았던 새로운 상황들과 감정이 나를 계속 갈팡질팡하게 만들었다.

새로운 일을 선택할 때 어떤 가치들을 고려하는가? 도전, 재미 등도 중요하지만 직업적 안정도 중요하다고 생각한다. 30대 중반 정도면 자신의 업계에서 어느 정도 경력을 쌓아왔기 때문에 한순간의 선택으로 열심히 달려왔던 트랙이 꼬일 수 있어 더더욱 컴포트 존을 벗어나는 게 쉽지 않다. 나 역시 많은 핵심 가치들을 나열해놓고 고민했다. 그리고 내가 확인한 사실은 나의 선택을 좋은 선택으로 만들면 된다는 것과 내 일에서 '주체'가 되고 싶다는 의지였다. 그 어떤 순간에도 남들의 선택에 좌지우지되는 수동적 포지션이 되는 건 막고 싶었다.

커리어의 갈림길에서 다른 사람들의 이야기나 책의 도움을 받는 것도 좋지만 결국 선택은 다른 누구도 아닌 내가 하는 것이기 때문에 나 자신과의 대화가 중요하다. 하지만 결정이 쉽지 않은 순간에는 스스로와의 대화가 마치 도돌이표처럼 반복되고 결론이 안 나는 경우도 있다. 그럴 때 내가 쓰는 방법은 바로 시간여행을 하는 것이다. 뿌옇게 보이지 않는 희미한 미래의 내가 아닌, 꾹꾹 눌러서 쓴 기록으로 또렷하게 각인된 과거의 나에게서 힌트를 얻는 것이다.

내가 과거의 나에게서 발견한 건 '성장'이었다. 성장은 과거에도 지금도 앞으로도 내 일에 있어서 나를 잡아주는 핵심 단어다. 이 기준점 덕분에 나는 오랜 고민에 마침표를 찍었고, 넥스트 스텝으로 건너갈 수 있었다. 누구나 자기만의 핵심 가치를 간직하고 있다면 커리어에 변화가 생길 때 중심을 잡을 수 있을 거라 생각한다. 그리고 자기만의 커리어 성장을 위해 어떤 길을 선택하든 그 결정을 최고의 선택으로 만드는 건 나 자신이라는 걸 잊어선 안 된다.

그렇게 새로운 업계에 온 지 1년이 지났다. 처음 이곳 사람들은 굳이 업종을 바꾸면서까지 도전한 이유가 궁금하다고 했다. 그 질문을 듣고 다시 한번 도전을 결심한 순간을 생각해보았다. 나는 일이 재미가 없었던 것도 아니었다. 일이 많긴 했지만 재미있었고 나의 적성에도 맞았고, 함께 일하는 동료들도 너무 좋았고, 회사 문화도 마음에 들었다. 굳이 나갈 이유가 없던 곳이었다. 한참 생각하다가 말을 꺼냈다.

"지금이 아니면 안 될 것 같아서요."

나의 가치를 높이는 데 중요한 건 일이 얼마나 재미있는가, 내가 얼마큼 즐기면서 할 수 있는가도 있지만, 내가 시장에서 얼마나 차별화된 스킬을 갖고 있는가인 것 같다. 남들이 좋다니까 나도 해봐야지 하는 게 아니라, 남들이 잘 못하는 것을 잘할 수 있는 대체 불가능한 매력 있는 인재가 되는 것이야말로 커리어를 개발하는 데 훨씬 중요한 것 같다. 그런 의미에서 나에게 주어진 새로운 기회는 아직 시장에서 생소한 분야고, 전문가라고 부를 수 있는 사람들이 많지 않기에 지금을 놓치면 나중에 후회할 것 같은 느낌이 들었기 때문이었다.

막상 일을 시작하고 보니 생각하던 것보다 훨씬 배워야 할 것들이 많고 매일매일 새로움과 마주하는 게 힘에 부치기도 하다. 그래도 이 낯선 길을 나만의 차별점을 만들 수 있는 긍정적 기회라 생각하고, 조금만 각도를 틀어 바라본다면 미지의 세계에 나를 노출하는 게 그리 어려운 일도 큰일도 아니라는 생각이 든다.

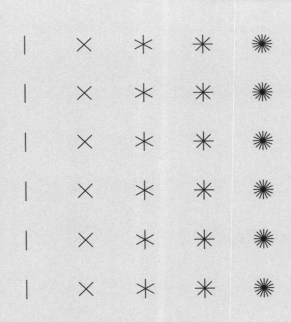

2장

서른부터 달라지는 사람들이 일하는 법

일 야망,
숨기지 마라

셰릴 샌드버그의 《린 인》이라는 책을 보면 '왕관 증후군Tiara Syndrome'이라는 단어가 나온다. 왕관 증후군이란 여성들이 자신이 직무를 충실히, 제대로 수행하고 있으면 누군가가 알아보고 자기 머리에 왕관을 씌워줄 것이라 기대한다는 걸 일컫는 말이다. 셰릴 샌드버그는 자신의 업무 성과가 좋으면 그에 대한 보상을 당연히 요구하고, 기회가 있다면 기꺼이 승진하겠다고 의지와 의사를 표현해야 하는데 이에 대해 여성들이 남성보다 꺼리는 분위기를 안타깝게 여기며 스스로를 위해 발 벗고 뛰어야 한다

고 이 책에서 말하고 있다.

　나는 커리어 개발에 관한 책이나 강의를 굉장히 자주 읽고 보는 편이다. 하지만 실전에서 사용하지 않는 지식은 아무리 많이 공부한다고 한들 스쳐 지나가는 의미 없는 인풋일 뿐이다. '왕관 증후군'이라는 말 역시 《린 인》에만 나온 생소한 개념은 아니다. 이미 수많은 책에서 자기 일에 대해 증명하고 드러내는 것이 중요하단 걸 강조하고 있다. 새로운 것이 아니었음에도 불구하고 막상 실제로 하려고 하면 머릿속에서 상상하던 것처럼 스스로를 홍보하고 원하는 것을 얻는 것이 쉽지 않다. 왜냐하면 내 안에서 소곤거리는 비판의 목소리, 자기검열 때문이다.

　대놓고 돈 얘기하는 것만큼이나 자기 일 욕심을 드러내는 건 여전히 어렵다. 너무 욕심이 많거나 나대는 사람처럼 보일지도 모른다는 생각이 많이 들 것이다. 그래서 그저 조용히 성실하고 묵묵하게 일하다 보면 말하지 않아도 회사가 알아서 나의 커리어를 자동으로 업그레이드해주고, 저절로 승진시켜주고 연봉을 올려주길 바라게 된다.

하지만 스스로를 PR하고 마케팅하는 것이 특히 중요한 이곳에서는 저마다 각자의 커리어를 개발하느라 바쁘니 나를 특별히 챙겨주는 사람이 없었다. 혼자 그냥 가만히 있다가는 아무것도 안 될 뿐이다. 어떻게 하면 담백하게, 나의 성과를 알리고 원하는 것들을 얻어낼 수 있는지, 나 역시 많은 고민의 시간이 있었다.

나는 엄마가 되고 나면 커리어에 대한 패러다임이 바뀔 줄 알았다. 일보다는 육아, 일보다는 가정, 이런 식으로 우선순위가 변할 줄 알았다. 물론 우선순위에 이동이 있는 건 사실이지만, 그렇다고 커리어에 대한 관심이 줄어든 건 분명 아니었다. 아마 커리어에 욕심이 없었다면 굳이 무리해서 MBA를 할 필요도 없었을 것이다. 관심 있는 업무를 위한 부서 이동이나 더 나은 기회를 위한 이직 또한 하지 않았을 거다. 그리고 새삼 내가 커리어 성장에 대한 열망이 크다는 걸 다시 한번 깨달은 일이 최근에 있었다.

얼마 전 팀 미팅에서 퇴사를 한 선배의 포지션에 적합한 사람을 뽑고 있으니 주변에 추천하고 싶은 사람이 있다면 추천해달라는 공지를 전달받았다. 그 이야기를 듣자마자 추천하고 싶은 사람이 떠올랐다.

그건 다름 아닌 바로 나였다. 왜냐하면 내가 그동안 해온 업무들을 바탕으로 시너지 효과를 내면서 훨씬 더 적극적으로 해볼 수 있을 것 같다는 생각이 들었다. 이제까지 해온 실적 역시 좋았기 때문에 해볼 만하단 생각이 들었다.

그런데 마음속에서 소곤거림이 들려왔다.

'승진한 지 얼마 되지도 않았는데 또 퀀텀 점프를 하겠다고? 욕심이 너무 과한 거 아니야?'

미팅이 끝난 후에도 계속해서 내 마음속 두 목소리는 서로 물러섬이 없었다.

이제까지 해온 업무를 보면 충분히 해볼 만한데 vs. 그냥 조용히 있지 왜 욕심쟁이처럼 나대느냐는 비웃음. 이 두 목소리 사이에서 도저히 결론이 나지 않았다. 점심도 먹지 못할 정도로 머리 아프게 고민하다가 결국 수화기를 들었다. 그러고 보면 코로나 덕분에 이 쉽지 않은 이야기를 전화로 전달할 수 있는 것이 다행인지도 모르겠다는 생각이 들었다. 매니저의 얼굴을 똑바로 보면 입이 안 떨어져서 얘기하는 것이 왠지 더 어려웠을 것 같다.

커리어 관련 자기계발서를 아무리 많이 읽고, 경력이 아무리 많이 쌓였어도 여전히 나를 드러내고 내가 원하는 걸 당당하게 이야기하는 건 쉽지 않다. 머릿속으로 아무리 시뮬레이션을 돌려도 실전과는 다르고 사람들의 반응도 예측할 수 없기 때문이다.

전화기 너머로 매니저는 무슨 일이냐고 물었지만 선뜻 포지션 이야기가 나오지 않았다. 이러다가는 현재 진행하고 있는 딜 이야기를 하다가 마무리될 분위기였다. 어쩌지, 이대로 끝내면 안 되는데. 쭈굴거리고 꼬깃해진 마음을 애써 펼쳐보았다.

사실은 팀 미팅에서 말한 공석에 관심 있다고, 여태까지 해온 일들, 실적, 스토리를 연결해서 나의 논리를 펼쳤다. 이건 무슨 고백하는 것도 아니고(나의 일 욕심에 대한 고백이라면 고백이 맞긴 하지만) 엄청 긴장되고 식은땀이 흘렀다. 면접 보는 것도 아닌데 목소리가 떨려왔다. 하지만 최대한 객관적이면서 담백하게 진심을 담아 나의 견해를 얘기하면서 피드백을 듣고 싶다고 했다. 수화기 너머로 얼굴은 보이지 않았지만, 말을 더듬는 매니저의 목소리에서 당황스러움이 느껴졌다. 다른 사람도 아니고, 승진한 지 얼마 되지 않은 내가 이런 이야기를 꺼낼 줄은 전혀 예상 못한 듯했다.

그렇게 잠시 침묵이 흘렀다. 1초가 마치 1년처럼 느껴졌다. 그 짧은 찰나 동안, 아 괜히 말했나. 황당하다고 생각하면 어떡하지, 말도 안 되는 소리라고 하고 화를 내면 어떡하지, 나를 이상한 사람으로 보면 어떡하지 온갖 상상의 나래를 펼쳐가고 있었다. 짧고도 긴 침묵 끝에 매니저의 대답이 이어졌다.

"솔직히 이제까지 잘해온 건 사실이지만 승진한 지 얼마 되지 않아서 새로 맡은 업무에서 능력을 발휘하는 시간을 조금 더 갖는 것이 좋을 것 같습니다."

그리고 그는 지금 이 포지션은 해당 분야에서 경력이 있고 네트워크가 넓은 사람이면 좋을 것 같다는 생각이다, 그래도 이렇게 커리어에 열정이 있다는 걸 알게 돼서 반갑다고, 알려줘서 고맙다고 했다.

이로써 나의 퀀텀 승진 시도는 굴욕적인 실패담

으로 끝난건가. 생각해보니 그건 아닌 것 같다. 막상 얘기해보니 내가 생각하던 것만큼 우려하는 상황은 일어나지 않았다. 하늘이 무너지는 것처럼 좌절스럽지도 않았다. 건방지고 당돌하다고 생각하면 어떡하지, 라는 걱정을 잔뜩 했었는데 저지르고 보니 생각보다 많은 도움이 되었다.

적어도 넥스트 스텝으로 가기 위한 나의 방향성에 대해 알 수 있어서 좋았고, 매니저 역시 내가 원하는 게 뭔지 알았으니 그것만으로도 이미 충분하다고 생각했다. 나중에 또 다른 기회가 왔을 때 이 일이 새로운 곳으로 나를 이끌어줄 수 있을 테니 말이다.

커리어에 욕심이 있는 건 나쁜 것이 아니다. 실력을 바탕으로 한 욕심은 열정이고, 오히려 열정이 있는 스스로를 자랑스러워해야 한다.

내가 원하는 걸 분명하게 이야기할 수 있는 용기를 내는 건 책에서 읽는다고, 강의를 아무리 많이 듣는다고 저절로 생기지 않는 것 같다. 마치 운전을 아무리 책으로 배워도 실전에서 헤매는 것처럼, 실제로 해보지 않고선 절대 알 수 없는 것이 이런 용기인 것 같다. 그리고 이렇게 커리어에서 시도나 도전을 할 때 가장 큰 장애물은 다른 누구도 아닌 바로 나 자신이다.

그렇다면 어떻게 나를 가로막는 '나'를 뛰어넘을 수 있을까. 다음 장에서 계속 이야기해보자.

말하지 않으면
회사는 당신을 모른다

"주변에 관심 있는 사람이 있으면 꼭 알려주세요."

출산휴가를 가는 동료의 빈자리를 채울 6개월 임시 계약직으로 내부 채용을 한창 진행 중일 때가 있었다. 팀 미팅 때 매니저가 혹시 주변에 관심 있는 사람이 있으면 알려달라고 했다. 정확히 말하자면 그냥 단순히 반짝하고 지나가는 관심이 아니라 늘 우리 부서 일을 해보고 싶다고 관심을 표현한 사람이었다.

사실 내부 지원자들이 꽤 있었는데, 매니저가 아

직 적임자를 찾지 못했다고 했다. 왜냐하면 지원자가 평소에 우리 부서 일에 전혀 관심을 표현한 적이 없었기 때문에 진정성을 발견하기 어려워서, 라고 했다. 어떤 지원자는 다른 부서에서 8~9년간 오랫동안 일해서 커리어에 변화가 필요해서 지원했다고 하던데, 그 이유만으로는 충분히 설득할 만한 근거가 되지 못한다고 했다. 이를 '관심의 증거track record' 라 부르는데 평소에 쌓아놓는 게 얼마나 중요한지 얘기해볼 참이다.

매니저가 찾고 싶은 사람은 직접적으로 관련된 일을 해본 적이 없더라도 관심을 표현했다거나, 조금이라도 이쪽 일과 연관된 프로젝트를 한 경험이 있는 사람, 업무 이해도가 큰 사람이었다. 특히 그는 앞서 말한 '관심의 증거'를 중요하게 생각했다.

싱가포르 금융계 여성들을 위한 커리어 웨비나Webinar에 패널로 참가해 다른 회사에 다니는 다양한 나라 출신의 직장인들과 일에 대해 이야기를 나눈 적이 있다. 국적, 나이를 불문하고 많은 여성 직장인들이 일의 '가시성visibility'에 대한 고민을 안고 있었다. 자신의 관심 사항과 비전을 어떻게 다른 사람들에게 인식시킬 것인가에 대한 퍼스널 브랜딩이 모두의 관심사였고 어느 회사를 다니든, 어떤 나라 출신이든 공감하는 주제였다. 어떻게 진정성 있는 나다움, 그리고 커리어 플랜을 회사에 어필할 수 있을까.

첫 회사생활을 시작하며 원하던 부서에서 원하던 일을 하게 되는 운 좋은 경우도 있지만, 막상 일해보니 생각했던 것과는 달라서 다른 부서의 업무에 관심이 가거나 혹은 업종을 바꾸고 싶은 경우도 많이 생긴다. 그러나 하루아침에 갑자기 커리어에 변화를 주는 건 결코 쉽지 않다. 그리고 하고 싶다는 생각만 한다고 해서 기회가 저절로 오는 것은 아니다. 그렇다면 무엇을 준비해볼 수 있을까?

첫 번째는 사람들에게 나의 업무 관심사를 소문내는 것이고, 두 번째는 관심 분야에 대해 할 수 있는 한 최대한 배워보는 것, 세 번째는 조금이라도 연관 있는 프로젝트에 참여해보면서 실질적인 증거를 만드는 것이다.

사람들은 표현하거나 말하지 않으면 내가 어떤

것에 관심 있는지 절대 모른다. 특히 회사는 사적 관계를 쌓으려고 모인 곳이 아니라 개개인의 업무 성과와 성장을 통해 가치를 창출해야 하는 곳이다. 그렇기 때문에 만약 목표로 하는 부서가 있다면, 해보고 싶은 업무가 있다면 주변 사람들한테 늘, 그곳에 대한 관심을 표현해 나의 경험과 경력에 도움이 될 수 있는 문을 자꾸 열어야 한다.

또한 관심은 있는데 배울 만한 공식 루트가 없는 경우엔, 간접적으로 업무를 경험할 수 있는 작은 기회들을 쌓아가야 한다. 온라인에서 자료들을 읽고 자기만의 의견을 따로 정리해서 연재한다든지, 관련 교육 세미나에 참석해보는 방법도 있다. 그리고 내가 앞으로 하고 싶은 일을 이미 하고 있는 사람들과 최대한 많은 교류를 하면서 기회를 만들어나갈 수도 있다. 비록 현재는 전혀 관련 없는 일을 하고 있더라도, 관심의 끈을 놓지 않고 조금이라도 연관성 있는 경험에 나의 노출 면적을 넓히는 게 매우 중요하다. 그 사소한 점들이 자주 찍히면 선이 되어 다음, 또 그다음 일과 연결되기 때문이다.

업무를 전환하고 싶은데, 내가 하고 싶은 일은

다른 일인데 당장 상황이 여의치 않다면 정말 답답할 수밖에 없다. 그럴 때면 현재의 나는 지금 일에 충실하면서도 변화를 위해 어떤 작은 증거들을 수집해가고 있는지, 다른 사람들한테 어떤 이미지를 주고 있는지, 나의 비전에 대해 다른 사람들에게 어떤 이미지의 힌트를 주고 있는지 돌아보자. 그리고 아주 작은 증거들을 꾸준하게 쌓아가고 여기저기 흔적을 남기자. 변화란 생각에만 그치지 않고 적극적으로 행동으로 옮기는 사람들이 이룰 수 있는 특권이니 말이다.

자격증 대신
열정증명서

해외 취업을 준비하는 사람들 중, 특히 금융계로 취업을 꿈꾸는 졸업생들이 많이 묻는 질문이 있다. 바로 자격증이다. 나도 대학생 시절에는 뭔가 내세울 수 있는 자격증이 있어야만 할 것 같다는 생각을 막연하게 하고 있었다. 하지만 흔히 문과 쪽에서 취업에 가장 도움 된다는 경영이나 경제와는 전혀 상관없는 전공을 했고, 자격증 역시 없었지만 금융계로 해외취업에 성공했다. 부서에 따라 자격증이 필수인 곳도 있겠지만, 내가 지원한 영업부서에서는 크게 상관없었다.

앞서 여러 번 이야기했지만 어문학을 전공했던 나는 금융권에서 일을 하면서도 항상 스스로가 부족하단 생각을 했고 거기에서 파생된 결핍이 나를 움직이게 한 동력이었다(이보다는 더 긍정적인 동력이 여러분에게 있길 바란다!). 이 '결핍'이라는 키워드가 나로 하여금 계속해서 업무 관련 지식을 쌓아야 이곳에서 오랫동안 일할 수 있겠다는 생각을 하게 했다. 금융 관련 자격증이 없었기 때문에 그리고 전공이 전혀 상관없는 분야였기 때문에, 나의 능력을 객관적으로 증명할 수 있는 증거에 대한 갈증이 있었다. 자신감을 쌓기 위해서는 관련 전문 지식을 최대한 많이 쌓는 것이 필요하다고 생각했다.

당시 회사에서는 트레이닝 프로그램이 체계적으로 짜여져 있었다. 경영이나 경제 전공이 아니어도 기본적인 금융 지식을 쌓을 수 있도록 교육과정을 제공했다. 몇 주간 이어진 집중적인 트레이닝을 받고 시험에서 일정 점수 이상을 달성해야지만 실무를 할 수 있었다. 혹시라도 뒤쳐질까 봐 시험 준비를 하느라 새벽잠을 아껴가면서 열심히 공부했다.

시험이 목적이라기보다 스스로의 공부를 위해서라도 잘 이해가지 않는 부분이 있으면 관련 부분을 따로 챙겨서 구체적으로 파고들었다. 그런데 이상하게 트레이닝이 끝난 이후에도 여전히 불안감은 사그라들지 않았다.

나 혼자서 따로 공부할 수 있는 것들이 무엇이 있을지 고민했다. 도서관에서 두꺼운 전공 책을 빌려 읽기도 했지만 혼자서 책만 보는 공부는 충분히 만족이 안 되는 것 같았다.

다행스럽게도 깊은 수준의 지식이 아닌, 입문자 레벨의 수업들을 들으려면 요즘에는 온라인에 유튜브나 MOOC^{Massive Online Open Courses}들이 굉장히 많다. 꼭 비싼 수업료를 내고 정식 과정에 등록해야만 공부할 수 있는 시대는 이제 지났다. 이러한 사이트에서 단기 과정으로도 양질의 프로그램들, 해외 유명 대학 교수님들의 강의들을 무료로 볼 수 있다. 공부하고자 하는 의지만 있다면 얼마든지 지식을 쌓는 것이 가능해졌다. 한국어로 된 강의들도 K-MOOC라는 사이트에서 확인할 수 있다. 무료로 들을 수 있는 유명한 사이트들을 소개하자면 다음과 같다.

edX

: 하버드, MIT 등 대학 강의를 무료로 들을 수 있는 곳. 단순한 교양강좌가 아니라 컴퓨터 공학, 언어, 데이터 사이언스, 비즈니스, 인문학 등 다양한 대학 수준의 코스를 제공.

코세라

: 7,700만 명 이상의 학습자를 보유하고 있는 글로벌 플랫폼으로 스탠퍼드대, 예일대와 같은 유명 대학 외에도 아마존, 구글 등의 글로벌 기업 강연 콘텐츠 제공.

K-MOOC

: 한국형 온라인 강좌 플랫폼으로 국내 대학의 강의뿐만 아니라 자기계발 콘텐츠 제공.

나는 새로운 분야를 접할 때면 객관적으로 증명된 무엇인가가 있어야 하지 않을까란 생각을 오래 갖고 있었고 체계적인 시스템으로 된 단계별 프로그램을 거치고 나면, 그래서 증명서, 학위를 갖고 나면 스스로가 더 당당해지지 않을까 혹은, '전문성'에 대한 갈증이 좀 풀어지지 않을까라고 생각을 했다. 실력이라는 것을 공인된 기관에서 제3자가 인증해주고 증명해주는 것이 당연한 것 같았다.

그러나 직장생활 10년을 훌쩍 넘긴 지금은 자격증을 위한 공부와 실제 업무를 위한 공부는 다르다는 것을 깨달았다. 학문적인 공부와 실무에서 하는 일은 직접적으로 연결되는 부분이 생각보다 많지 않다. 이론적으로 아는 건 물론 큰 그림을 파악하는데나 개념을 이해하는 데 도움이 될 수도 있겠지만, 실제로 매출과 연결되는 일머리 혹은 센스와는 다소 차이가 있다.

경력이 쌓인 현재, 후배들을 뽑기 위해 면접관으로 인터뷰에 참여할 때가 종종 있었다. 그런데 후보자들에게 관심이 가는 경우는, 그 사람의 출신 학교나 학점, 어떤 자격증을 갖고 있는지 여부보다 얼마나 관련된 실무경험이 있는지와, 혹시라도 경험이 없다고 하더라도 이 업계에 대한 관심, 그리고 배움에 대한 열망이 얼마나 있는지와 같은 태도였다.

수많은 지원자 중에서 왜 본인이 되어야 하는지에 대해 판에 박힌 모범답안 대신 진정성 있고 논리적으로 지금까지 어떤 증거를 쌓아왔는지 스토리텔링을 하는 분들에게 관심이 갔다.

그리고 빠르게 변하는 트렌드에 대처할 수 있는지도 본다. 앞으로 전망 있는 분야에 대해서 빠르게 습득해서 적용할 수 있는 유연한 사고를 갖고 있는지, 얼마나 효율적으로 커뮤니케이션하면서 본인의 시각을 전달할 수 있는지 여부다. 마지막으로 성실한 태도. 기술적인 업무 지식은 회사에 입사하고 나서도 충분히 배울 수 있지만, 원래부터 갖고 있는 태도, 성격 등은 바꾸기가 어렵다. 물론 면접관마다 우선시하는 포인트는 다르겠지만 그동안 채용한 주니어 후배들을 봤을 때도 하드 스킬과 소프트 스킬이 균형 있게 갖추어진 사람을 선호하게 되고, 그중에서도 특히 소프트 스킬, 즉 태도를 중요하게 봐왔다.

자격증 대신 준비할 수 있는 것은 그동안의 나를 돌이켜보는 것이다. 대학 시절 해온 활동들과 경험들을 종이에 처음부터 끝까지 전부 적어보자. 사소한 것이라도 상관없다. 그래서 내가 하고 싶은 것과 잘하는 것들을 분류해보고, 지원하는 롤과 연결할 수 있는 스토리를 살펴본다. 그리고 자격증이 아닌 나만의 커리어 포트폴리오를 준비해보자. 포트폴리오는 PPT 파일이나 워드 파일도 좋지만, 다양한 웹사이트 링크나 미디어를 추가하기 위해 노션 플랫폼을 이용해도 좋다. 이러한 포트폴리오는 자신만의 스토리가 담겨 있기 때문에 자격증보다 값진, 이 세상에서 유일무이한 '열정의 증거'라고 볼 수 있다.

취업준비를 하다 보면 내가 갖지 못한 것에만 자꾸 신경이 쓰이게 되기 마련이다. 그래서 끊임없이 스펙을 갖추기 위해서 부족한 부분만 집중해서 실력을 기르려고 시간을 투자한다. 정량적인 점수, 자격증처럼 남이 인정해주는 어떤 기준만을 좇다가, 나의 장점과 그동안 스토리를 어떻게 연결하는지 모르면 본인의 잠재력을 충분히 어필하는 기회를 놓치게 된다. 중요한 건 나 자신을 객관화하여 이해하고 이미 갖고 있는 나만의 컬러나 장점을 얼마나 효과적으로 면접관들에게 전달할 수 있는지 여부다. 단점보다는 자신의 장점을 극대화하는 방향이 더 효율적이고 효과적이라는 사실을 절대 잊어선

안 된다.

　금융계를 떠나 새로운 업종으로 도전을 앞두고
있을 때, 그 어느 때보다 이 갈증이 심하게 다가오는
걸 느꼈다. 새로운 도전에서 잘해내고 싶다는 의욕
은 충만하지만 모든 것이 외계어로 들려서 답답하
고 막막했던 상황이 마치 대학을 갓 졸업하고 신입
으로 입사하던 시절을 떠올리게 했다. 전통 금융이
야 기존 시스템에서 이미 마련되어 있는 자격증이
나 학위 프로그램이 많이 있지만 이 분야는 생긴 지
얼마 되지 않기도 해서인지 시험을 봐서 패스할 수
있는 증명서 같은 것도 많지 않았다. 설령 있다고 하
더라도 이미 과거의 지식을 토대로 하는 것인데 변
화의 속도도 너무 빠르기 때문에 크게 의미가 없는
것 같다.
　그러다 새로운 회사에서 함께 일하게 될 사람들
과의 회식이 있었다. 나와 함께 같은 팀에서 일하게
될 친구는 블록체인 관련한 미국 명문대학교의 프
로그램을 이수했다고 했다. 과연 진짜 도움이 많이
되는지 기대에 차서 물어보니, 기초적인 개념을 잡

기엔 나쁘지 않았지만, 막상 일을 시작해보니 이론과 실전은 많이 다르고, 현장에서 느껴지는 속도감이 훨씬 빨라서 생각만큼 획기적인 변화를 느끼긴 어려웠다고 했다.

잘해내고 싶은 의욕은 넘치는 데 너무 새로운 분야에다가 쏟아지는 엄청난 정보 사이에서 헤매는 와중에, 다들 어렵다는 이 업계 일을 어떻게 하면 더 빨리 배울 수 있을지 궁금했다. 그런데 가면 갈수록 이 세계에 따로 교과서나 모범답안이 없다는 것을 느끼고 있다. 그 대신 많은 데이터를 활용해서 어떻게 창의적인 솔루션을 생각하는지 여부가 더 중요하다. 그리고 이것은 단기간에 이룰 수 있는 것이 아니라 매일 다양한 기사를 통해 트렌드를 읽고, 최대한 사람들과 많이 만나서 이야기하고, 실제로 일을 진행하면서 배우는 것이 가장 효율적인 방법인 것 같다.

요즘 '필드형 전문가 시대'라는 이야기가 있다. 인증서를 위한 공부나 시험을 위한 공부가 아니라 진짜 업무 실력을 위한 공부를 하는 것이 중요하다는 것이다. 학위가 자격 요건으로 무조건 필요한 전문직이라면 모르겠지만, 그 외의 경우엔 사실 실전 경험을 바탕으로 한, 살아 있는 생계형 지식이 관건이다. 누군가가 지식을 가르쳐주길 수동적으로 기대하기보단 내가 직접 부딪히고 발로 뛰며 깨우치는, 경험하면서 배워가는 공부 말이다. 어떻게 보면 기존 시스템에 의지하는 것보다 훨씬 더 어렵다. 검증되지 않은 정답을 나만의 방식으로 만들어 가는 과정이기 때문이다.

나의 실력을 스스로 정의하는 것, 내가 스스로 개척해나가면서 주도적으로 배운다는 태도가 필요하다. 남들이 가는 길을 따라가기보다는, 기존 지식을 근거로 나의 스타일을 만들어간다는 면에서 마치 스타트업을 운영한다는 느낌으로 커리어 개발을 하는 것이 정말 필요하다.

재테크 대신
커리어 테크

서점에 가면 단기에 얼마나 대단한 수익을 낼 수 있는지 알려주는 제목의 재테크 책들이 많다. 한창 주식과 코인 열풍일 때는 더 했다. 하지만 내가 늘 손이 가는 책은 돈을 버는 책보다는 일을 잘하는 법, 사업 스토리와 같은 자기계발서나 에세이다. 금융계에서 일하면서도 늘 그렇다. 주식이나 부동산과 같은 재테크는 마켓 상황에 좌우되기 쉽지만, 커리어만큼은 나의 의지에 의해 트랙을 변경할 수도 있고 내가 통제할 수 있는 부분이 비교적 넓기 때문이다.

자신감 있는 미소를 띤 채 프로페셔널한 분위기

가 풍기는 성공한 사람들의 모습이 담긴 책 표지를 발견하면, 무조건 눈길이 간다. 그들의 성공 방정식은 무엇이었을까, 궁금해지면서 호기심으로 책장을 넘기곤 한다.

물론 커리어 개발에서는 100% 업무력을 키우려는 노력 외에도 타이밍, 운, 함께하는 사람들 같은 환경적인 요인도 크게 작용한다. 하지만 변수들 사이에서도 흔들림 없이 꾸준히 성실한 모습으로 경력을 쌓으며 나만의 커리어를 만드는 사람들에게 매력을 느꼈다. 아무리 시장이 어렵더라도 강한 펀더멘털을 가진 주식처럼, 지금의 자리에서 본업을 야무지게 잘 하면서 미래의 희망을 놓지 않는, 저평가 우량주와 같은 스토리를 가진 사람들 말이다.

커리어 테크란 하루하루 쌓아가는 나만의 전문성이다. 적립식 펀드처럼 정기적으로 쌓이는 시간들이다. 비록 지금 당장 눈에 띄는 극적인 수익률을 안겨주진 않지만, 아주 작은 성과들이 서서히 쌓이면서 나중에 어떤 기회를 만나 시너지를 내면 좋은 성과로 이어질지 모른다. 특히 본업을 확실하게 잘

해서 탄탄한 기본기를 쌓는 것이 중요하다. 본업에서 쌓은 나의 전문성이나 인맥을 바탕으로 또 다른 기회들로 연결될 수 있는 가능성 때문이다.

이직과 구조조정이 빈번하게 일어나는 다이내믹한 싱가포르 금융계에서 일하면서 느꼈던 것은 다양한 방식으로 커리어를 쌓아갈 수 있는 방식이 세상에 정말 많다는 것이다. 그러니 변화를 너무 두려워하지 않아도, 마음 졸이지 않아도 된다는 사실이었다. 지금의 회사가 반드시 나의 마지막 회사일 수도 없고, 어느 조직에 있든 소속만 바뀌는 것일 뿐, 그 안에서 일하는 '나'라는 사람은 여전히 변함 없이 '나'이니까 말이다. 제일 중요한 것은 나의 중심을 굳게 지키는 것이고 미래의 내 모습에 믿음을 갖고 커리어 개발을 하는 것이다.

조직이 바뀌더라도 내가 그동안 한 경험들은 내 안에 고스란히 남아 있다. 혹시 다른 업종으로, 다른 업무로 확장해서 이직을 하더라도 전혀 연관 없을 것 같던 예전 경험이 의외의 지점에서 연결되는 경우도 생긴다. 일종의 커리어 피보팅pivoting이다. 피보팅이란 농구를 할 때 공을 잡은 선수가 상대선수를 피하기 위해 한쪽 발은 가만히 둔 채 다른 발을 움직여 방향을 전환하는 것을 말하는데, 이를 '일'에도 적용해볼 수 있다.

금융계에서 전혀 다른 분야로 이직을 한 지금도 예전에 고객사였던 회사 사람들을 만나서 미팅을 한다. 업종을 아예 바꿔서 전혀 마주치지 않을 줄 알았는데, 요즘 블록체인에 관심 있는 금융사들이 늘어나면서 미팅 기회가 점점 늘고 있다. 고객사들이 말하는 익숙한 용어들도 반갑고, 아무래도 예전 금융사 경력 덕분에 고객사 입장을 좀 더 쉽게 이해할 수 있다. 또한 예전 금융계에서 함께 일한 동료들이 테크 분야에 관심 있다는 고객들을 소개해주기도 한다. 만약 내가 본업을 소홀히 했거나 대충 했다면 이런 기회가 왔더라도 활용하기 어려웠을 것이다.

이직 후 적응하느라 아직도 좌충우돌 헤매고 있지만, 그래도 나는 이 경험이 훗날 나에게 또 다른 커리어 가능성을 가져다줄 거란 믿음이 있다. 아직은 배워야 할 것이 많지만 그동안 쌓아온 다른 업계의 지식과 전문성이 있으므로 남들과 굳이 비교하지 않아도 된다. 하루하루 조금씩 나아지는 성장의 시간들이 쌓여서 서서히 우상향을 그릴 수 있는 커리어 테크 그래프를 기대해본다.

한 우물만 파는
'장인'이 될 필요는 없다

30대가 되면 일 고민이 더 커진다. 특히 이 시기에는 한두 번 회사를 옮기는 경우가 생기는데, 이직은 누구에게나 쉬운 여정이 아니다. 연차가 쌓일수록 더더욱 이직에 신중해질 수밖에 없다. 경력직 이직 전략은 어떻게 달라야 하는 걸까? 주니어 때는 일을 잘 배울 수 있는 곳, 전문성을 쌓을 수 있는 곳, 혹은 연봉이 높은 곳이 선택의 기준이 된다면 어느 정도의 전문성이 쌓인 시니어의 이직은 조금 다른 접근이 필요할 것이다. 이직이라고 하면 범위가 넓으니까, 시니어로서 외국계 회사에서의 경력직 이

직, 그리고 같은 업종 내에서라고 한정해보고, 이직
을 하기 위해서는 어떤 것들이 필요할까 생각해보
았다.

이미 가지고 있는 커리어 스토리에서 시작

시니어의 경우엔 경력이 쌓여서 어느 정도 성과
가 쌓인 상황이다. 신입사원 때는 대학교 시절까지
의 백그라운드, 학교, 학점, 자격증 같은 스펙을 봤
다면, 경력직에서는 이제까지 쌓아온 커리어의 스
토리가 훨씬 중요하다. 따라서 이제까지 한 일들의
결과물들을 찬찬히 살펴보고 정리하는 것이 좋다.
회사 입장에서 경력직 사원은 투자이기 때문에, 지
원하는 포지션과 관련 경험이 얼마나 있었는지, 그
리고 실질적인 가치 창출을 가져오길 바란다. 이런
스토리를 만들려면 논리가 있어야 하고 논리가 성
립하려면 확실한 근거가 있어야 한다. 따라서 현재
직장에서 내가 해온 성과들을 기록하고 문서화하는
습관이 필요하다.

근거의 축적은 거창한 것이 아니라 사소한 메모
에서, 기록에서 시작되기 때문에 나의 스토리가 될

재료들을 평소에 잘 정리해서 객관화하는 연습을
해두면 좋다.

커리어 GPS 스위치 켜기

당장 오늘 회사에서 나와야 한다면 나의 이름 석
자로 내세울 수 있는 것이 있을까. 하나의 조직에서
만 인정되는 것이 아니라 다른 회사에서도 인정받
을 수 있는 적용 가능한 스킬을 갖고 있다면 경쟁력
이 된다. 당장 이직 생각이 없더라도 이력서를 주기
적으로 업데이트하고, 링크드인이나 구직 사이트에
서 현재 마켓에서 채용이 이뤄지고 있는 포지션들
에는 어떤 것들이 있는지, 그 포지션들에서 요구하
고 있는 핵심 스킬은 무엇인지, 현재 마켓에서 나의
위치는 어딘지, 어느 정도의 능력을 갖고 있는지, 항
상 안테나를 세우고 커리어 GPS를 켜고 있는 것이
필요하다. 그리고 회사 내, 회사 밖 업계 사람들과
주기적인 네트워킹을 통해서 살아 있는 정보들을
접하고 자극을 받는 것도 좋다.

막연한 장기 전략보다는 단기계획으로 작은 성취감 채우기

면접에서 자주 물어보는 것 중에 "앞으로 5년 후 커리어 목표는 무엇인가요?"라는 질문이 있다. 사실 나는 이 질문이 어렵다. 불과 몇 년 전만 해도 지금 같은 코로나 상황을 누가 예측이나 했을까. 5년 후 목표는 고사하고, 당장 내일이 어떻게 될지도 모르는 변동성이 큰 분야로 이직을 하고 나니 예전에 내가 계획했던 목표 중 많은 부분이 수정되었다. 업무 내용뿐만 아니라 방식에 있어서도 오프라인 대신 비대면 회의가 잦아짐에 따라 전혀 다른 방법에 빠르게 적응해야 했다. 그래서 나는 항상 계획을 짧게, 단기간으로 설정한다. 매년 세우는 회사 전략의 큰 방향성을 참고하되 길어봤자 분기별, 그리고 그것도 한 달로 쪼개서 큰 목표 아래 일주일 단위로 달성하고 싶은 아주 작은 목표들로 채운다.

트렌드와 변화에 능동적으로 적응하기

요즘 업계에서 화두가 되는 건 디지털, 지속 가능한 성장과 같은 테마다. 새로운 분야에 대해서는

상대적으로 전문가라고 부를 수 있는 인재를 찾기가 힘들고, 그래서 남들이 잘 해오지 않은 틈새 분야를 잘한다면 수요와 공급의 원리에 따라 나의 경쟁력도 높아진다. 만약 현재 트렌드인 테마가 내가 해온 분야와는 차이가 있고, 지금 당장은 전문성이 부족하더라도 늦었다고 실망할 필요가 없다. 문제는 얼마나 빨리 트렌드를 캐치해서 배우고 적용하느냐의 차이다. 낯설다고 해서, 전문 분야가 아니라고 해서 소극적으로 미뤄두기보다는, 새로운 분야에 대한 호기심을 갖고 계속 적극적으로 배우려는 자세가 훨씬 중요하다. 지금까지 해온 경험과 연관 짓고 융합해서 새로운 시각을 제시하는 것도 독창성이라는 면에서 돋보일 수 있다. 예전에는 직업의 불안정성이 두려운 존재였다. 하지만 지금은 그 불안정성을 피하지 말고, 그대로 받아들이고 '인정'하는 것에서부터 두려움을 극복할 수 있다고 생각한다. 어차피 영원한 것은 없으니까.

커리어 안정기에 도달하는 시기에 새로운 도전을 하기 위해서는 내면의 목소리에 힘이 있어야 한다. 그렇지 않으면 외부에 흔들리기 쉽다. 나 역시 출산휴가 기간 동안 메이크업 아카데미에 등록했을 때도, 직장생활한 지 10년 만에 MBA에 도전했을 때, 잘 다니던 회사에서 전직을 해야겠다고 결심했을 때, 주변에서는 응원보다는 걱정을 많이 했다.

하지만 이러한 도전들을 하고 싶다는 내 안의 목소리를 믿어보았다. 지금이 아니면 안 될 것 같다는 생각으로, 아무것도 하지 않으면 아무일도 일어나지 않으니까 시도해보고 싶었다. 이런 생각들은 나 스스로와의 만남을 통해서 단단해졌다. 하루에 적어도 30분만큼은 오롯이 나 자신과 대화하는 시간을 가졌다. 그렇게 조금씩 쌓아둔 미 타임Me Time을 통해서 내가 원하는 것과 내 안의 목소리에 힘을 키웠다. 그리고 도전이 반복되면서 좋은 경험들이 많이 쌓여갔다. 최근 전혀 다른 업계로 전직을 했을 때, 나의 다양한 시도들이 굉장히 많이 도움이 되었고 앞으로 무슨 일이 있어도 적응할 수 있겠다는 자신감을 안겨주었다.

그리고 가급적 새로운 기회에 스스로를 끊임없이 노출하면 좋다. 꼭 커리어 관련이 아니더라도 취미나 봉사활동으로 새로운 일들을 하는 것도 또 다른 기회를 불러올 수 있는 방법이다. 사이드 프로젝트로 시작했던 일에서 예전에는 몰랐던 재능이나 흥미를 발견해서 본업의 자리를 대체할 수도 있기 때문이다. 가볍게 시작하는 일들을 여러 가지 만들어두면 그 일들이 씨앗이 되어서 나도 모르는 사이에 싹을 틔우고 꽃을 피워서 훗날 제2의 커리어의 길을 열어주기도 한다.

사람들과의 만남도 중요하다. 기회는 사람으로부터 오는 경우가 굉장히 많다. 경력이 어느 정도 쌓인 30대일수록 느슨한 연대의 힘이라고 할까, 전혀 생각지 못했던 사람으로부터 제안을 받는 경우가 생길 수 있다. 네트워킹할 때 내가 상대방으로부터 도움을 받는다고 생각하기보다는 상대방에게 내가 도움을 줄 수 있는 것이 무엇이 있을까, 어떤 가치를 부여해줄 수 있을지 생각해본다. 그렇게 조금씩 인맥을 넓히다 보면 나를 향한 기회의 문이 열릴 때가 생긴다.

그러니 너무 완벽하지 않아도 괜찮다는 마음을 갖자. 기회가 다가오더라도 막상 내가 준비가 안 된 것 같다는 생각에 놓치는 경우도 있다. 특히 30대라면 이제는 아마추어가 아닌 프로로 도약하는 경우가 많고, 일이 어느 정도 손에 익는 경험치가 쌓이는 시기다. 하지만 100% 준비된 상황에서 기회를 잡기란 어렵다. 50%만 준비되어 있더라도 일단 시도해보자는 생각이 필요하다. 그렇지 않으면 영영 새로운 도전을 하기가 힘들어진다. 아직 해보지 않은 일, 가지 않은 길에 대한 두려움은 누구나에게 있지만, 어차피 우리는 부딪혀가면서 배워야 한다. 마음을 급하게 먹기보다는 지금 다가온 기회로부터 성장한다고 생각하고 도전을 받아들여도 된다. 너무 멀리 보지 않고 현재 이 순간에 집중한다면, 나에게 다가온 기회를 놓치지 않고 잡을 수 있을 것이다. 완벽한 준비는 어차피 존재하지 않는다. 차라리 어설프더라도 일단 시작하고 피드백을 통해서 개선해나가는 것이 목표에 다다를 수 있는 효율적인 방법이다.

나를 빛나게 하는
커뮤니케이션 방법

싱가포르 금융계 여성들을 위한 네트워킹 이벤트에서 멘토링 프로그램에 참여한 적이 있었다. 오리엔테이션 프로그램도 하고 진단검사도 하는 등 다른 곳보다 시스템이 꽤 체계적으로 되어 있었다. 원래는 한 멘토당 여러 명의 멘티를 담당하는 프로그램인데 나의 멘토는 많은 후보자 가운데 한 명만을 멘티로 정했고 그건 바로 나였다. 나 역시 3명의 멘토 후보를 인터뷰한 이후 1지망으로 고른 사람이 그였는데 운이 좋았는지 바로 연결되었다.

그는 내가 싱가포르에 와서 인턴을 하던 시절의

매니저와 인상이 굉장히 닮았다. 엄청 똑 부러지고 일 잘하는 카리스마가 넘치는 인상. 그분께서는 그냥 명목상의 멘토링은 의미 없을 것 같아, 한 사람의 멘티에게만 제대로 하고 싶었다고 이야기했는데, 집중 케어를 받게 된 나로선 감사한 일이었다.

여러 번 1 대 1 미팅을 진행하게 되는데 멘티가 먼저 적극적으로 미팅 안건을 정해와야 했고, 당시에 내가 정한 주제는 바로 스피크업Speak Up이었다. 은행 세일즈팀에서 일을 해야 하는 나는 특히나 내부 그리고 외부(고객들)와의 미팅 자리가 많았다. 직업적 특수성 때문만이 아니더라도 소통, 화술, 협상은 일을 할 때 정말 어렵고 중요하다. 경험이 많이 쌓여도 매번 다른 상황, 다른 사람들을 맞닥뜨리니 쉽지 않은 게 당연하다. 그때 커뮤니케이션 관련해서 이야기했던 내용들 중 기억에 남는 것들을 정리해보았다.

회의 때 한마디라도 하려는 시도가 중요

상사와 함께한 미팅 때 조용하게 있는 경우가 많은데 회의시간에 한마디라도 자신의 존재감을 드러내고 영역을 확보하는 게 중요하다. 주니어 단계를 넘어서면 특히 필수다. 만약 미팅 전체를 주도하기 어렵다면 꼭 어떤 작은 주제, 일부분이라도 본인이 회의 리드를 해보는 게 좋다.

그를 위해서는 사전에 상사와 관련하여 이야기를 나누는 게 좋다. 자신이 갖고 있는 의견이나 그날 발언할 주제, 진행 방식 등을 조율하는 것이다. 그렇게 미리 캐치업을 하면 서로의 기대치와 소통 스타일을 확인하고, 신뢰가 형성될 수 있다. 이는 실제 미팅에서 '팀'으로써 시너지를 갖고 온다.

사전 준비가 필요하다

외부 협상이나 미팅을 할 때 두려운 것 중 하나가 내가 모르는 것, 예측할 수 없는 상황에 대한 대처다. 학문/시험/자격증으로 아는 것과 실제 현장에서 접하는 것은 다르기 때문이다. 내부 여러 부서 담당자들과의 사전 대화를 통해서 돌발 상황에 대한 지식을 얻고 대안을 몇 가지 마련하는 게 좋다. 그렇게 현장에 투입되면 자신감과 순발력이 쌓이는 경험을 할 수 있다.

남에게 부탁하고 질문하는 것을 두려워하지 말자

타 부서에게 부탁하거나 제안, 또는 질문하는 것을 주저할 필요가 없다. 부정적인 대답이 나오면 '아님 말고' 정신으로 넘기면 된다. 거절당한다고 세상이 멸망하는 건 아니다. 그리고 어차피 일은 사람과 사람 간의 관계가 중요한 것이기에 최대한 편안하게 시작할 수 있는 레벨부터 시도하는 노력이 필요하다.

새로운 업종에서 일을 시작한 이후에 정말 많은 기회를 마주하고 있다. 그중 상당수는 바로 많은 사람들 앞에서 패널 토론을 하거나 스피커로서 의견을 발표하는 자리들이다.

외국에서 근무한 경력만 10년이 훨씬 넘은 데다가 사람들을 많이 대하는 직무인 세일즈를 주로 담당해서인지 잘 모르는 사람들은 백그라운드만 듣고 나서는 나를 굉장히 외향적인 성격일 거라고 생각한다. 하지만 사실 나는 MBTI에서 대문자 'I'다. 말보다는 글이 편하고, 남들 앞에서 나서는 것이 부담스럽고 뒤에서 조용하게 팔로업하는 것을 선호하는 내성적인 성격이다. 다른 사람에게 어떤 메시지를 전하기 전에 생각을 여러 번 거듭할 만큼 신중하고 조심스럽다. 특히 처음 보는 사람들이 만난 자리에서 자기소개를 하는 시간은 어색하고 불편하기만 하다. 내 차례가 다가오면 무슨 말을 해야 할지 고민을 하고 심장이 쿵쾅거리는 소리가 내 귀에도 들릴 지경이다. 긴장한 상태에서 말을 시작하면 떨리는 목소리가 엄청 의식되고 스스로가 바보같이 느껴지기도 한다.

그랬던 내가 이번 발표 제안에 응했던 건, 반복적으로 오는 기회를 영원히 피하고 싶지 않았기 때문이었다. 작은 회의실 안에서 두세 명 앞에서 이야기할 때도 목소리가 떨리는데 수백 명이 넘는 컨벤션 홀에서 패널 디스커션이라니, 내가 도대체 무슨 일을 저지른 거지, 나중에 망신만 당하는 거 아닌가, 괜히 한다고 했나라는 생각도 들었지만 결론적으로는 후회하지 않는 선택이었다. 영원히 할 수 없을 것만 같았던 무대 위의 발표를 지난 주에만 두 번이나 해내면서, 시도를 통해서 조금씩 성장하고 있다고 스스로를 격려했다. 화술이나 퍼블릭 스피킹 관련 강의도 많이 들어보았지만, 강의를 듣는 것만으로는 미처 배울 수 없었던, 경험으로만 느낄 수 있었던 몇 가지 방법을 기록해보려고 한다.

문장을 외우지 말고 키워드를 기억할 것

첫 패널 토론이어서 그런지 준비를 철저하게 해야겠다고 생각했다. 그래서 사전에 나올 만한 질문들에 대한 답변들을 원고로 써두고 그대로 처음부터 끝까지 외우려고 했다. 그런데 문제는 패널 토론이어서 내 바로 앞 연사가 말한 내용이랑 이어지게 말하는 게 중요했는데, 앞에서 내용이 나오면 그동안 외웠던 내용들이 어울리지 않았다. 당시에 눈앞이 깜깜해지고 다음 문장이 생각나지 않으니까 아찔한 기분이 들었다. 전날 새벽까지 열심히 외웠던 나의 노력들이 허무해지는 것 같았지만, 그때 한 가지를 분명히 배울 수 있었다. 그것은 바로 말하려는 콘텐츠의 구조를 짜는 것이 내용을 처음부터 끝까지 외우는 것보다 훨씬 중요하다는 것이다. 원고를 통째로 외우는 것보다 키워드 중심으로 스토리 라인을 이해하고 있는 것이 자연스럽고 전달력이 높은 발표를 하는 데 훨씬 더 필요했다.

거울 앞에서 셀프로 자문자답을 해볼 것

발표를 잘하는 것에 비법이 따로 있지 않다. 제일 중요한 것은 바로 반복적인 연습이다. 세계적으로 유명한 연사들도 그들의 스피치 비법은 '연습'이라고 이야기 한다. 원고를 완전하게 외우지 않더라도 생각한 키워드를 중심으로 여러 번 연습하는 것이 필요하다. 내 모습을 스스로 거울을 보고 진단해보거나, 어느 정도 콘텐츠의 내용이 익숙해지고 난 이후에는 발표하는 내 모습을 비디오로 녹화해보는 것도 객관적인 진단을 위해서 필요하다. 비록 발표하는 동안의 내 모습이 부끄러워서 참을 수 없이 오글오글거릴지라도, 발표하는 모습을 내가 듣는 청중의 입장으로 볼 수 있기 때문에 개선할 점들을 발견하는 데 많은 도움이 된다.

친한 친구 앞에서 이야기한다고 생각할 것

발표하기 전에 긴장이 될 때, 마음속으로 긴장하지 말자고 아무리 외쳐도 마인드 컨트롤은 쉽게 되지 않는다. 오히려 떨지 말아야겠다고 생각하고 나를 억누르려고 할수록 목소리가 걷잡을 수 없이 더욱 떨리는 것 같았다. 무대 위에서 긴장이 돼서 꽁꽁 얼어 있었을 때, 나는 관객 속에서 동료의 모습을 발견했다. 나를 응원해주는 그녀의 모습을 보면서 마치 그 친구에게만 1 대 1로 이야기한다고 생각하고 이야기를 이어갔다. 다른 사람들은 배경화면이라고 생각하고 이 무대는 친구와의 대화라고 생각하니까 쿵쾅대면서 떨리던 마음이 조금은 편해지는 것 같았다.

아직 발표 경험이 많지 않아서, 앞으로도 배워나가야 할 점들이 많지만, 몇 번의 큰 무대 위에 서보고 나서 깨달은 것이 있다. 무대공포증을 극복하는 좋은 방법은 완벽주의자가 되지 않는 것이다. 완벽하게 해내겠다는 굳은 다짐보다는, 오히려 그와는 반대로 얼마든지 실수해도 괜찮다는 여유로운 마음이 긴장을 줄이는 데 도움이 된다. 사실 발표를 준비하는 동안 참고자료들로 다른 사람들의 발표 영상들을 많이 찾아보았지만, 100% 완벽하게 발표하는 사람은 거의 찾아보기 힘들었다. 모든 사람들의 발표에는 다 장단점이 있었다. 그러니까 스스로에게 너무 가혹한 평가를 내리기보다 오늘 조금 실수했어도 다음에 더 잘하면 되지, 한 발자국만, 아니 반 발자국만 성장해도 충분하다고 생각하면 될 것 같다. 중요한 발표나 미팅을 앞두고 나처럼 긴장하고 있을 누군가에게 조금이라도 도움이 되길 바란다.

최고가 될 수 없으면
최초가 되기

커리어란 업종이 바뀌거나 회사가 바뀌거나 부서가 바뀌더라도 나만의 '점'들을 연결하는 과정이다. 그런데 사람을 뽑아야 하는 면접관 입장에서 보면 천편일률적인 스펙보다 눈길이 더 가는 건 특이하거나 차별화된 스토리다.

처음 취업하고 내가 내세웠던 차별점은 유일한 베트남어 능통자이고, 동남아 시장만큼은 굉장히 관심이 많았다는 점이다. 처음에는 핸디캡이라고 생각했고, 갖고 있는 능력이 다른 사람들의 대단한 백그라운드에 비하면 별거 아니라고 생각했다. 하지만 지나고 보니 그 작은 차이가 나만의 경쟁력이었다.

베트남에서 지내던 어린 시절 또래 한국 친구들은 대부분이 인터내셔널 스쿨이나 프랑스학교에 다녔고 베트남 현지 학교에 다니던 친구들은 극소수였다. 그때는 어린 마음에 나도 다른 친구들처럼 폼 나는(?) 영어를 쓰는 학교에 다니고 싶었다. 성조도 많고 배우기도 어려운 베트남 현지 학교에 다니면서 나는 왜 친구들과는 다른 곳에 다녀야 하는 걸까, 뭔가 자유로운 선진문화를 배우는 환경을 가진 친구들이 부럽게 느껴지기도 했다.

하지만 지금 와서 돌이켜보면 그때 나를 현지 학교에 보내셨던 부모님의 선택에 감사하다. 그리고 너무 다행이었다는 생각이 든다. 남들이 하지 못하는 스킬을 가진 덕분에 항상 유일하다는 타이틀이 따라다녔기 때문이다. 대체될 수 없는 희소가치, 혹은 다수가 가지 않은 길을 선택한 용기, 그로 인해 나만의 매력이 주는 장점은 굉장히 크다.

똑같은 스펙은 재미가 없다. 내가 한 경험들을

소중하게 여기는 것이 중요하다. 보잘것없고 사소한 경험은 없기 때문에, 왜 다른 사람들만큼의 스펙이 없을까 하고 나를 괴롭히고 학대하기보다, 남들이 가지지 못한 나만의 장점을 발견하고, 스스로를 격려해주고 아껴주는 것이 필요하다.

베트남어에 능통한 최초의 한국인 직원에 이어, 금융계 출신 최초의 한국인 메이크업 아티스트라는 타이틀도 사실 의도한 것은 아니었지만, 다른 사람들이 추구하는 방향과는 조금 다른 것을 시도해본 용기에서 비롯된 것이었다. 모두 남들과 똑같은 길보다는, 남들이 가지 않은 길에서 내가 최초가 되는 경험은 내가 특별한 사람이라는 자신감을 안겨주었다. 남들이 가진 스펙을 따라잡기보다는 내가 그 스펙을 만들어버리면 된다. 특히 글로벌 기업들은 다양성과 포용에 가치를 두기 때문에 남들과 다른 점을 특별하다고 본다.

예전에 했던 승진 인터뷰 과정에서 매니저에게 내가 후보자로서 한 질문이 있었다.

"다른 회사와 구별되는 우리 회사만의 장점은 무

엇이라고 생각하세요?"

매니저는 예전에 다른 탑티어 미국계 은행에서 근무한 경험이 있었다. 나 역시 예전에 다른 회사에서 일한 경력이 있었지만, 매니저의 입장에서 본 우리 회사만의 차별점이 어떤지도 궁금했다. 직원 개인의 차별성만큼이나 일하고 있는 기업의 차별화된 경쟁력 역시 중요하다고 생각했기 때문이다.

매니저는 우리 회사는 다른 대형 회사만큼 크지 않고, 비록 모든 분야에서 최고라고 할 순 없지만, 선정된 타깃 고객에게 내세울 수 있을 만한 뾰족하게 잘하는 프로덕트가 있고, 어차피 모든 것에서 완벽하기는 어려우니까 선택한 몇 개의 틈새 마켓에서 최고가 된 것, 바로 그게 경쟁력이라고 했다.

남들만큼 못하다고 비교하고 주눅 들기보다는 남들과는 다른 길을 가는 용기, 그래서 최초가 되는 것은 특별한 것이다. 커리어 성장은 타인한테 의지하기보단 내가 스스로 정의하는 것이니까.

연봉협상의
비결

경력직으로 면접을 봤을 때였다. 마지막 글로벌 헤드와의 최종면접이었다.

그동안 수많은 면접을 마주했던 경험을 바탕으로, 질문들은 대체로 무난하게 예상하던 범위 내에서 나왔던 터라 술술 거침없이 진행되었다. 그러다가 중간에 나를 멈추게 한 질문이 하나 있었다.

"그래서, 원하는 연봉은 얼마인가요? 그리고 왜 본인의 가치가 그 정도인지 이유를 말씀해보시겠어요?"

직장인에게 연봉은 매우 중요하다. 특히 이제는

그냥 아무 금액이나 상관없으니 일만 시켜주시면 무조건 열심히 하겠습니다, 라고 패기 있게 외칠 수 있는 신입사원이 아니기 때문이다. 회사는 영리 조직이고 지원한 부서는 매출과 직결된 영업을 하는 포지션에 있기 때문에 숫자는 더욱 중요한 개념이기도 했고, 아무 금액이나 받아도 상관없다는 건 거짓말이나 마찬가지였다.

그러나 보통 연봉은 면접에서 대놓고 흔히 이야기하는 주제가 아니라서 순간 당황했다. 범위도 아니고 정확하게 금액을 제시해보라고 하는 질문은 처음이었다. 보통 구체적인 연봉 이야기는 면접이 끝난 후에 실무진이 아닌 인사부와 하는 경우가 대부분이었기 때문이다. 지금 생각해보면 아무래도 세일즈 포지션이기 때문에 협상력을 테스트한 것 같은데, 당시에는 솔직히 예상치 못했던 질문에 조금 놀랐다.

대학원에서 협상 수업을 들은 적이 있는데, 우리가 일을 하며 겪는 협상은 외부 거래처와 하는 것도 있지만 내부 사람들과 하는 경우도 많다. 어떤 사람의 경우 대기업에서 스타트업으로 이직했던 자신의 사례를 이야기했다. 직무는 마음에 들었는데 스타트업에서 처음 제시한 연봉이 만족스럽지 않았다고 한다. 그래서 지금 당장은 연봉에 상관없이 일하되, 6개월 이후 성과 평가를 통해 연봉을 다시 재협상하자고 제안했고 (원래 있지 않았던 솔루션을 먼저 제안한 경우) 결국 그곳 CEO도 동의하고 본인도 만족하는 협상[Win-Win] 결과를 얻을 수 있었다고 한다.

협상이란 서로에 대한 이해에서 출발한다. 각자의 입장을 공감하고 이해하면서 양쪽 모두 만족할 수 있는 창의적인 솔루션을 만들어내는 기술이다. 다음은 협상에서 해야 할 것과 하지 말아야 할 것이다.

협상에서 해야 할 것

1. 공감하는 경청
2. 상대방에게 친절하기
3. 주도적으로 행동하기
4. 상대방과 나의 이익 모두 챙기기
5. 창의적으로 틀에서 벗어난 여러 가지 문제 해결법을 브레인스토밍하기

협상에서 하지 말아야 할 것

1. 말을 너무 많이 하는 것
2. 공격하는 것
3. 수동적인 방어
4. 싸움이라고 생각하는 것
5. 단 하나의 솔루션에서 벗어나지 못하는 것

협상을 리딩하고 싶다면 오픈엔드 질문을 함으로써 상대방의 요구사항을 끌어내며, 대화를 주도해야 한다. 협상이란 제로섬 게임이 아니고 반드시 '공감'을 섞은 경청을 해야 한다. 또한 협상 테이블에 가기 전에 반드시 시뮬레이션을 해보고 나의 시점에서 보는 데이터 포인트들을 전부 기록해보는 준비가 필요하다. 만약 솔루션이 만족스럽지 않다면 대안책을 생각해보고 너무 무리한 요구에는 협상 테이블을 떠나는 과감함도 필요하다. 다시 한번 포인트를 정리하자면 다음과 같다.

만족스러운 협상을 위해 필요한 것

1. 적극적인 경청

2. 완벽한 준비

3. 효과적인 커뮤니케이션

4. 심리적 상한선/하한선 지키기

5. 짐작, 가정하고 속단하지 말 것

당시 나는 내가 회사에 가져올 수 있는 가치들이 무엇인지 회사의 입장에서 생각해보았다. 원하는 숫자를 무턱대고 이야기하기보단 왜 그 숫자가 타당한지, '왜'라는 질문이 핵심인 것 같았다. 협상은 내가 원하는 것이 있다면 상대방 입장에서도 얻을 수 있는 이익이 있어야 한다. 그래서 내가 이해하고 있는 부서의 목표를 이전의 경력들과 연결해서 이야기해나갔다. 어차피 커리어 스토리는 직접 겪은 경험에서 시작해야 했고 당시 나는 내가 기여할 수 있는 가치에 대한 확신이 있었다. 그러고 난 후 희망 연봉 수준을 이야기했다.

연봉협상이 끝나고 공식 오퍼 레터를 받았는데 기분이 묘했다. 기대치를 훨씬 상회하는 수준이었기 때문이다. 연봉은 사실 상대적인 개념이라 엄청난 금액을 받은 사람들 입장에선 별로 대단하지 않을 수도 있겠지만 나는 이제 다른 사람과의 비교는 의미가 없음을 안다. 남들이 좋다고 하는 수준에 따라가거나 혹은 무조건 많은 게 좋은 것이 아니라, 내가 만족할 수 있는 나만의 연봉 기준은 필요한 것 같다. 지난날의 나와 비교해서 현재의 내가 이룬 성장과 변화를 확인할 수 있기 때문이다. 묵묵하게 하지만 단단하게 나만의 커리어를 차곡차곡 쌓은 결과이기도 하니까.

사실 첫 직장에 입사했을 때는 연봉보다 배움의 기회가 더 중요하다고 생각했다. 경력이 쌓이고 나면 나의 가치가 점점 높아질 거란 생각이 들었기 때문이다. 그러고 나서 이직을 하는 기회가 여러 번 생기면서 연봉협상을 어떻게 해야 하는지 깨닫게 되었다. 그냥 회사에서 정해준 대로 받겠다는 수동적인 태도로는 협상에서 주도권을 잡기가 어렵다.

협상을 할 때 기본적으로 전제되어야 하는 것은 내 자신의 능력과 경쟁력에 대한 확신이다. 그래야만 당당하게 주도적으로 협상을 할 수 있다. 회사 입장에서도 새로운 직원이 앞으로 가져올 가치를 가늠하고 미래의 가능성에 투자를 하는 것이기에, 논리적인 근거를 준비하고 협상 테이블에 앉는 것이 필요하다. 나와 회사 양쪽이 둘 다 원하는 목표를 달성할 수 있을 때 비로소 성공적인 협상이 될 수 있다. 연봉협상을 할 때 도움이 되는 몇 가지 팁에 대해 나눠보겠다.

정보 탐색

협상에서 중요한 건 정보를 많이 아는 것이다. 연봉 정보의 경우엔 민감한 주제이기도 하고, 각자 받는 액수도 다를 것이기에 평균치를 참고하는 것이 좋다. 연봉 정보는 잡코리아나 블라인드, 외국계의 경우 글래스도어Glassdoor와 같은 웹사이트에서 대략적인 정보를 볼 수 있지만, 조금 더 구체적으로는 헤드헌팅 회사들이 매년 발행하는 업종별 연봉 리포트를 참고하는 걸 추천한다.

적정한 범위 정하기

최소 연봉과 최대 연봉 수치의 기준을 정해본다. 막연하게 많이 줬으면 좋겠다고 생각하지 말고 시장 조사를 바탕으로 생각한 나의 적정한 연봉을 구체적인 숫자로 표현해보자. 이때 중요한 것은 나의 현재 연봉을 기준으로 생각하기보다는 내가 지원한 업종의 평균 연봉 데이터를 바탕으로 생각하는 것이다. 그동안 받고 있던 나의 연봉이 어쩌면 업종 평균치에도 못 미칠 수 있는 상황일 수도 있기 때문이다.

플랜 B 생각해보기

연봉협상이란 나라는 상품에 가격표를 매기는 일이다. 더 많은 연봉을 받고 싶다면 탄탄한 근거와 스토리가 필요하다. 지금 마주하고 있는 직무만이 나의 유일한 선택지가 아니라, 그 외에도 다른 대안책을 만들어둔다면 훨씬 편안하게 협상에 임할 수 있다. 따라서 너무 간절하게 매달리기보다는 내가 선택할 수 있는 다른 대안책들도 만들어두는 것이 조금 더 여유 있는 마음을 가질 수 있는 비결이다. 연봉의 숫자가 기대치에 미치지 않는다면 연봉 외의 복지 혜택이나 지원금으로 협상할 수 있다.

시간적 여유 갖기

인사부에서 처음 제시한 연봉이 마지막 오퍼가

아니라는 점을 알아야 한다. 혹시라도 내가 거절하면 입사가 취소되는 것이 아닐까 겁을 내거나 조급해하지 않는다. 회사 입장에서도 인력을 충원하기 위해 시간과 노력을 기울인 것은 마찬가지기 때문에 수용할 수 있는 범위 내에서는 얼마든지 협상의 의지가 있다는 사실을 기억해야 한다.

일의 영역을 확대할 때
필요한 것

'Fast Learner'(빨리 배우는 사람)

나를 표현하는 단어 그릇들을 생각할 때마다 매
번 빠지지 않고 등장하던 말이었다. 프로 이직러로
불릴 만큼 잦은 이직을 겪으면서 항상 다른 직무로
이동했고 그럼에도 불구하고 빠른 시간 내로 성과
를 냈기 때문이다. 무미건조하게 반복되는 단순한
일보다는 다소 힘들더라도 새로운 일에 매력을 많
이 느끼는 터라 변화를 겪더라도 웬만하면 단기간
내로 적응하곤 했다.

그런데 요즘 들어 나의 속도가 예전 같지 않다.

마음으로는 탁 트인 고속도로에서 최대 속도로 신나게 질주하고 싶지만, 현실은 꽉 막힌 고속도로에서 엉금엉금 기어가는 듯한 느낌이다. 업종까지 바꾸고 나니 다른 차원의 속도가 필요한 것 같다는 생각이 든다. 아침 일찍부터 밤늦게까지 백투백 미팅의 연속인 와중에 '이 정도는 충분히 할 수 있겠는데'와 '도통 무슨 말인지 모르겠다'의 답답함 사이를 계속 오간다. 어슴푸레한 어둠 속에서 서서히 윤곽이 보이는 것 같은 희망이 생기다가도 이내 어두컴컴한 암흑이 나를 삼키는 것 같다.

커리어 피보팅이란 역시 만만한 것이 아니었다. 비슷한 프로필의 거래처를 상대하던 예전과는 달리 상대방의 업종이 너무 다양해졌기 때문에 매번 초보자라는 기분이 든다. 아무리 다른 업계에서 오긴 했지만 경력이 이미 길게 쌓인 상황에서 스스로에게 기대하는 기대치가 높은 것 같은 생각이 들었다.

함께 일하는 동료와 점심을 먹었는데 요즘 그녀는 불면증이 생겼다고 했다. 퇴근하고 나서도 일 생각을 멈출 수가 없다고, 마치 꺼지지 않는 컴퓨터마냥 무의식 중에서도 계속해서 일 생각을 한다는 그녀의 말에 나 역시 공감했다.

그렇게 고군분투하던 한 달이 지났고, 드디어 새로운 프로젝트 기회를 잡았다. 물론 처음에는 과연 이게 될까라는 물음표가 있긴 했지만 마치 맨땅에 헤딩하듯이 무작정 용감하게 시도해본 것이다. 테크니컬한 용어들을 잔뜩 담은 있어 보이는 피칭도 아니었고, 아주 쉬운 말들로 내가 자신 있는 한도에서만 제안한 것이었는데 결과가 괜찮아서 의외였다. 무엇보다 회사에서 시킨 것도 아니고 누군가의 도움 없이 오로지 나 혼자만의 힘으로 해낸 일이었기에 뿌듯했다. 물론 아직 최종 결과까지는 한참 남았지만 그래도 조금씩 나의 영역을 확대해가는 것, 알을 깨고 나오는 과정에서 '좋은 시작'이라고 의미를 두고 싶다.

저녁에 오랜만에 MBA 동기로부터 연락이 왔다. 그녀는 한 회사에서만 줄곧 다녀왔는데, 나의 최근 소식을 듣고 안부 연락을 해왔다. 전통적인 업계에서 벗어나서 전혀 다른 세상의 경험이 어떤지 궁금하다고, 본인은 MBA 이후 번아웃을 겪어서 다른 것에 도전하는 것이 엄두가 안 난다고, 지치지 않고 끊임없이 도전하는 열정은 어디서부터 오는 것이냐고 물었다. 그녀의 질문을 듣고 문득 쑥스러워졌다. 솔직히 나 역시 잘하는 것도 아니고 매일 헤매고 느리고 어설픔투성이기 때문이다. 그래도 시도하는 것에 주저하지 않고, 마음 한구석에 자리 잡은 두려움을 누르고 그저 어제보다 조금이라도 나아진 오늘이 되면 충분하다는 생각으로 노력하고 있다.

일의 영역을 확대하고 전문성을 넓혀나갈 때 가장 필요한 건 바로 멘탈 지키기다. 아무리 어려운 용어들에 치이고 거절을 마주하면서 한없이 쪼그라드는 내가 되는 것 같아도, 그 와중에 발견한 아주 작은 성공을 칭찬하는 것, 나를 의심하는 마음을 극복하고 작아진 나를 일으키고 충분히 잘했다고 스스로를 토닥여줄 수 있을 때 비로소 기회를 잡을 수 있다. 아직도 갈 길이 멀긴 하지만 그래도 이렇게 한 발자국씩 걸어가다 보면 결국 원하는 목적지에 도착할 수 있다.

나는 이직을 할 때마다 혹은 최근처럼 직종을 바꿀 때 반드시 지켰던 게 하나 있다. 주변 사람들이 말하는 '불가능'이라는 말의 무게에 짓눌리지 않으려고 했던 것이다. 무심코 던지는 타인의 말보다는 스스로의 능력과 가능성을 더 믿었다.

　나의 가치는 시장 데이터 및 나의 노력과 시간이 녹아 있는 경력을 바탕으로 그 누구도 아닌 내가 결정하는 것이다. 그동안 내가 만든 시간의 가치를 제일 잘 알고 그것을 평가할 수 있는 자격이 있는 사람은 나뿐이다. 내가 나를 존중하지 않으면 아무도 나를 존중해주지 않는다. 나를 낮추려고 애쓰는 사람들의 말에 상처받거나 시간을 낭비할 필요가 없다.

No one can figure out your worth but you.
당신 말고는 아무도 당신의 가치에 대해 이해할 수 없다.

3장

나만의 미 타임 갖기

프로 삽질러의
회복탄력성

싱가포르에 올 무렵부터 쓰기 시작한 나의 이메일함은 용량이 많이 채워져 있다. 만약 이 메일들이 전부 종이로 된 편지여서 직접 분류를 할 수 있다면, 아마 합격이라는 반가운 소식보다는 불합격이라는 소식이 훨씬 더 많을 것이다. 탈락 메일들을 종이로 쌓아둔다면 적어도 내 키만큼, 아니면 그보다 훨씬 더 높이 쌓였을지도 모르겠다.

새로운 일에 대한 호기심이 많아서 이것저것 도전을 좋아하는 것이 때로는 장점이 될 수도 있지만, 다른 한편으로는 맨땅에 헤딩하기 식이라 결과가 미흡하거나 완벽성을 갖추기 어렵다. 그러나 아이러니하게도 그 탈락 소식들이 나에게는 다시 시도할 수 있는 용기가 되어주기도 했다.

얼마 전 응모했던 글쓰기 공모전에서 1차 합격된 후, 2차는 최종 불합격 소식을 들었다. 함께 1차에 오른 후보작들이 워낙 쟁쟁했기 때문에 어느 정도 예견한 일이긴 했지만 그래도 김새는 느낌은 피할 수 없었다. 이럴 바엔 애초에 탈락했으면 좋지 않았을까 하면서도 동시에 내 안에서 다른 목소리가 들렸다.

뭐 어때, 어차피 기대를 많이 한 것도 아니잖아.
나중에 다시 도전하면 되지,
나는 프로 삽질러니까.

프로 삽질러, 왠지 어설픈 아마추어의 또 다른 말이자, 언젠가는 프로가 되고 싶은 열망을 담은 단어다. 프로 삽질러에게 실패나 탈락이란 경험은 반드시 거쳐가야 하는 필수 코스다. 열심히 삽질하면서 허탕을 칠 때도 많지만, 삽질을 하다 보면 언젠가

보물을 발견할 수도 있다는 기대감 때문에 그냥 멈추기도 힘들다.

돌이켜보면 한 번의 시도로 성공을 했던 경험은 별로 없었다. 여러 번 꾸준히 시도하고 노력한 끝에서야 비로소 희망의 틈새가 조금씩 보였다. 처음에 회사 일을 시작하면서 기본적인 배경지식이 부족하다는 생각에 이 치열한 업계에서 얼마나 버틸 수 있을까 싶기도 했다. 호기심으로 시작한 메이크업을 배우던 시절도 마찬가지였다. 아카데미에서는 재능 있는 동기들이 많았고, 메이크업을 잘하는 뷰티 유튜버들도 너무나도 많았다. 메이크업을 하면서도 그냥 취미로만 만족해야 했나, 프로 아티스트로는 역시 소질이 없나란 생각에 좌절하기도 했다. 한 번에 완벽하게 해내지 못한다는 팩폭에 좌절하기도 했지만, 오히려 그렇게 뛰어난 사람이 아니니 여러 번 시도해볼 수 있다는 배짱과 용기가 생기기도 했다.

지금 이렇게 책을 쓰고 있지만 글을 쓰면서도 비슷한 좌절을 느낀다. 세상에 글을 잘 쓰는 사람들이 얼마나 많은지, 브런치 플랫폼만 해도 본인 스스로를 아마추어 작가라고 칭하는 겸손하신 분들이지만, 내 눈에는 이미 훌륭한 문인이자 닮고 싶은 필력을 가진 작가들이 너무나 많다. 나는 글쓰기를 좋아하지만, 좋아하는 것과 잘하는 것에는 엄연한 간극이 있구나, 잘하는 것에 도달하려면 역시 멀었구나, 라는 생각도 든다. 그런데 한 가지 내가 놓치고 있던 사실은 바로 나의 첫 작품을 이미 글 쓴 경력이 오래된 프로 작가들의 작품과 비교하고 있었다는 것이다. 그동안 투자한 시간이나 노력에 차이가 나는 것이 당연한 건데, 같은 기준이 아닌데도 비교하고 있었던 것이다. 기준점을 다른 사람이 아닌 과거의 나로 두어야 했다.

실패하고 좌절감을 느낄 때마다 나는 도전의 방향을 작은 성공으로 틀었다. 예를 들어 글쓰기 공모전에 도전하다가 실패했을 때, 그보다 작은 나만의 목표를 세우고 달성하는 연습을 했다. 매일 아침마다 칼럼니스트가 되어 나의 플랫폼에 나의 글을 자유롭게 연재했다.

하얀 바탕의 커서가 깜빡이는 화면을 보고 있으면 어디서부터 어떻게 시작해야 좋은 글을 쓸 수 있을지 막막했다. 하지만 부담감을 덜어놓고 가벼운 목표를 설정했다. 평일 새벽에 일어나자마자 30분 동안 머릿속에 떠오르는 생각들을 A4용지 반 장에 쏟아낸다는 계획을 세웠다. 아무 말 대잔치 같고 어설픈 글이어도 괜찮으니 꾸준히 온라인 블로그에 연재했다. 처음에는 이렇게 미미한 양의 글을 써가는 게 의미가 있을까란 생각도 들었지만, 거창한 목표를 세운 것이 아니었기 때문에 괜찮았다. 처음엔 30분 동안 A4용지 반 장도 채우기 어려웠지만 시간이 흘러가면서 점점 글 쓰는 시간이 한 시간으로 늘어나고 A4용지 한 페이지가 되었다. 그렇게 약 한 달 정도 지나다 보니 글들이 꽤 쌓여가면서 댓글이 하나씩 달리기 시작했고, 화려하지 않아도 담담하게 나의 기록을 응원하는 애독자들이 생겼다. 매일 아침 갓 구운 빵처럼 나의 갓 구운 글을 기다리고 있을 독자들을 생각했다. 처음에 몇 달 동안 혼자서 글쓰기를 지속하다가 점점 의지력이 부족해지는 것 같아서 함께 글을 쓸 모임에 합류했다. 환경설정을 하고 나니 중간에 빼먹고 싶은 게으름이 올라와도 함께 쓰는 사람들과의 약속으로 인해 목표를 무사히 완료할 수 있었다. 그렇게 모인 글이 하나둘씩 쌓여서 한 잡지사로부터 원고 청탁 제안을 받기도 했고 이렇게 책도 한 권 쓰게 되었다. 원하는 목표를 세울 때는 처음부터 너무 거창하지 않은 '부담 없는 가벼운' 목표를 정하는 것, 그리고 나만의 의지력으로 어렵다면 혼자가 아닌 함께하는 사람들과 하는 환경설정이 중요하다. 그래야 지치지 않고 지속할 수 있는 힘을 가질 수 있기 때문이다.

실패의 경험이 하나둘씩 쌓이면서 분명 얻는 점도 있다. 탈락에 대한 실망감과 다음에 다시 해도 된다는 희망이 뒤섞인 채로, 마음 근육에 굳은살이 조금씩 박혀간다. 마치 운동을 꾸준히 해서 근력이 붙는 것처럼 말이다. 한 번에 성공한 적이 없었지만, 여러 번의 시도 끝에 성공했을 때 느끼는 짜릿함과 성취감은 배가 되는 것 같다. 소설책을 읽더라도 전개가 오르락내리락하는 기승전결의 이야기가 훨씬 더 흡입력이 강하고 재미있듯이, 한 번에 잘 되는 건 무미건조하고 매력이 없을 수 있다. 그리고 굳이 성공을 하지 못했더라도 괜찮다. 마음의 굳은살이 박히는 과정에서 이미 많은 것을 느끼고 경험하는 훈련이 된 것이나 마찬가지라, 새로운 시작을 할 수 있는 동기부여가 되어주기도 한다.

나는 여전히 스스로에게 하는 칭찬이 매우 어색하다. 내가 도달하고 싶은 최종 목표의 모습을 생각하면 아직도 지금의 나는 초라해 보이고 부족해 보이기에, 칭찬이나 격려보다는 반성을 하는 데에만 집중했다. 그래야만 더 성장하고 발전할 수 있다고 생각했으니까. 하지만 목표 도달까지 시간이 오래 필요한 거라면, 스스로에게 칭찬과 격려를 해야만 긴 호흡으로 지치지 않고 지속할 수 있는 힘을 얻을 수 있다. 나는 부족하고 뚱뚱해, 라는 생각보다는 지금까지 잘하고 있어, 어제의 나보다 오늘의 내가 더 나아졌어, 라고 긍정적으로 생각하는 자세가 필요하다.

목표는 너무 크게 세우지 말고 1cm, 아니 단 1mm라도 나아지는 것을 목표로 잡는다면 조금 더 길게 호흡을 유지하는 데 도움이 된다. 나는 넘어지더라도 언제든 툭툭 털고 일어나 도전할 수 있는 '프로 삽질러'니까.

하루, 단 5분이라도 꾸준하게 셀프 미팅하기

내가 나를 잃어버리고 있는 듯한 느낌이 든 적이 있었다. 아이 엄마가 된 후 육아와 집안일에 치인 채 바쁜 하루하루를 살던 중, 어느 날 문득 거울에 비친 내가 초라해 보였다. 밥풀떼기가 묻은 늘어진 티셔츠, 화장기 없이 푸석푸석한 얼굴, 아무렇게나 묶은 머리카락 같은 외모도 그랬지만, 그 너머로 피곤에 지치고 생기가 없는 낯선 사람이 서 있었다.

게다가 재택근무를 하게 되면서 일과 삶의 경계가 점점 흐릿해지다 보니 그냥 흘러가는 대로 하루를 보내게 되었고 한번 흐트러지기 시작한 일상은 제자리를 찾는 게 쉽지 않았다. 마침 새로운 분야로 이직도 하게 되었으니 공부도 해야 하는데, 내가 하고 있는 건 마음속 불안함의 덩치를 키우는 거 말고는 없었다.

나의 중심을 잡고 싶었다. 잡아야 했다. 나를 찾는 시간이 필요했다. 엄마의 역할, 회사원의 역할, 학생의 역할 사이에서 그냥 오롯이 나 자신을 위한 미 타임이 있어야겠단 생각을 했다. 그래서 정기적으로 일정한 시간을 만들어야 했고 현실적으로 가능한 새벽시간을 나만의 시간으로 정했다. 회사에서 고객사와 잡는 미팅시간을 반드시 지키는 것처럼 나와의 미팅시간 역시 철저하게 지켜야겠다고 생각했다.

나만을 위한 시간이 단 5분이어도 괜찮다. 하루를 시작하기 전, 혹은 하루의 끝에서 내가 잘한 일들, 긍정적인 에너지를 끌어올려서 하루를 조금 더 생산적으로 보내기 위해 예열하는 시간을 거친다. 뭐든지 해낼 수 있을 것 같은 긍정 마인드를 채우는 중요한 순간이다.

나의 경우엔 매일 새벽 4시에 기상 후, 1시간 독서, 1시간 글쓰기 그리고 나머지 30분을 운동시간으로 고정해두었다. 원래 5시에 기상하던 시간을 6시 반부터 아이의 등교 준비를 해야 했기에 1시간 앞당긴 것이었다. 커피 물을 끓이고 드립커피에 물을 부으면서 온 방 안에 커피 향이 퍼지고 서재에서 책을 펼치면 순간 매일 나의 작은 카페 안에 앉아 있는 듯한 느낌이 들었다. 가족 모두가 곤히 잠든 시간, 아무의 방해도 받지 않고 나만의 꿈을 그릴 수 있는 이 소중한 시간에는 내가 제일 좋아하는 일들을 꾸준하게 해나간다.

　틈새시간을 활용하는 것도 좋지만 집중해서 몰입하는 힘을 느끼기 위해선 시간을 최소 2시간 정도 통으로 확보하는 것이 유리하다. 모든 사람들이 미라클 모닝을 할 필요는 없다. 아침보다 저녁에 집중이 더 잘된다면 미라클 나이트여도 충분히 괜찮다. 만약 미라클 모닝을 한다면 적절한 수면시간 확보를 위해 일찍 자는 것이 필요하다. 수면시간을 줄이면서 매일 미라클 모닝을 유지하기는 불가능하기 때문이다.

물론 일찍 일어나서도 막상 할 것이 마땅히 생각나지 않아서 다시 잠들어버릴 수 있다. 아침에 일어나는 시간에만 집착하기보다는 일어나서 무슨 일을 할 것인지 나만의 테마를 정하는 게 좋다. 나는 식단 인증, 걷기, 원서 읽기 같은 모닝 루틴을 매달 다이어리 상단에 적어두고 이달의 챌린지 형식으로 정해 스스로 인증하기도 했다. 혼자만의 의지력으로 작심삼일만 반복된다면 커뮤니티의 힘을 이용하는 것도 좋은 방법이다. 카페와 같은 인터넷 커뮤니티나, 혹은 '챌린저스'라는 앱을 활용할 수 있다. 나에게 맞는 최적의 환경을 설정하고 나면 꾸준한 인증 과정을 통해 성공했을 때는 동기부여를 위해 스스로에게 작은 선물을 약속하는 보상을 한다.

　인터넷 커뮤니티를 통해 사람들과 다 함께 인증을 하다 보면, 나보다 훨씬 더 열심히 사는 사람들은 세상에 정말 많다는 것을 깨닫게 된다. 오프라인에서 주변에 나와 비슷한 사람을 찾기 어렵다면 온라인 세상에서 열심히 사는 사람들의 커뮤니티에서 공감과 응원을 받으며 자극을 받는 것도 괜찮다. 뭐 그렇게 애쓰냐, 라는 핀잔을 듣지 않아도 되고, 도전을 응원하다는 말을 듣게 되어서 반가운 마음이 든다. 나는 MBA 시절 이후 주변 사람들로부터 오랜만에 열정의 온도를 느꼈던 것 같다. 나와 함께하는 사람들이 있으니 제대로 집중해 나만의 시간을 만들어갔다.

세상 모든 일은 눈 딱 감고 그냥 시작할 때 이루어진다. 망설이는 동안 주변의 목소리에 휩쓸려 시작도 하지 못하고 그저 이루지 못할 계획으로만 흐지부지 흩어져버릴수 있으므로 실행으로 옮기는 연습이 중요하다.

지나치게 생각을 많이 할 필요도 없고 너무 빡빡하게 계획을 세울 필요도 없다. 일단 시작하고 그냥 하는 것이다. 하면서 수정하고 보완하면 된다. 어렵다면 아침에 일어나 자동적으로 양치질을 하는 걸 생각하면 된다. 세상에서 가장 소중한 '나'와의 미팅 시간이니 이 정도는 할 수 있지 않을까?

프로 도전러의
시간관리

'시간이 고무줄처럼 늘어날 수 있다면 얼마나 좋을까.'

늦은 밤, 아이들을 재우고 난 후 대학원 과제 때문에 잠을 쫓는 커피 물을 끓일 때면 항상 머릿속에 이런 생각이 맴돌았다. 엄마가 되면서부터 본격적으로 하고 싶은 것들이 점점 더 늘어났다. 보통 엄마가 되고 나면 아이에게 온 신경을 집중하느라 우선순위가 많이 바뀐다고 하던데 말이다. 하지만 나는 아이를 낳고 난 이후, 딸들이 자랑스러워하는 엄마가 되고 싶은 꿈이 생겼고, 따라서 하고 싶은 일들이 더 많이 생겨났다. 육아도 잘하고 싶고, 직장에서 인정도 받고 싶고, 학생 신분으로 돌아가서 더 많이 배우고 성장하고 싶었다. 그중 한 가지만 제대로 하는 것도 사실 쉽지 않은 일인데 직장을 다니면서 육아를 하면서 석사과정까지 도전하기로 마음먹었을 때, 주변 지인들이 걱정의 눈길을 보냈다. 과연 그걸 다 해낼 수 있겠냐고, 불가능한 거 아니냐고.

워낙 일 저지르기를 즐겼지만 아무리 열정이 있더라도 제한된 시간을 늘릴 수는 없었다. 잠을 줄이고 최대한 멀티태스킹을 해야겠다고 결심했지만, 열정과 체력이 항상 비례하는 건 아니었다. 밤새워서 공부하는 건 대학생 시절에는 가능했지만, 점점 나이가 들면서 체력이 부족한 걸 느끼게 되었다. 모든 것을 완벽하게 하는 건 불가능했다. 무작정 열심히만 하는 게 능사도 아니었다. 나에게는 전략적인 시간 계획이 필요했고 여러 번의 시행착오 끝에 환경설정을 하는 게 시간관리의 핵심이라는 것을 알았다.

"저도 N잡을 하고 싶은데 회사 일 때문에 쉽지

않은 것 같아요."

이렇게 말씀하시는 분들을 종종 만나는데 정말 당연한 이야기라고 생각한다. 특히 회사 일이 바쁠수록 다른 무엇인가를 할 여유를 찾기가 쉽지 않다. 요즘은 N잡을 하는 사람들이 많지만 가장 중요한 건 원래 하고 있는 본업이라고 생각한다. 부캐도 본캐가 존재해야지만 가능한 것이다. 원래 하고 있는 일을 단단하고 튼튼하게 잘해내지 못한다면, 나머지 일들도 제대로 할 수 없게 된다. 가끔은 사이드 잡에 시간을 조금 더 쓰고 싶을 때가 있지만 시간은 24시간으로 한정되어 있으니 이 둘 사이에서 우선순위를 정하고 균형을 맞추는 것이 필요하다.

특히 처음 이렇게 일을 할 때는 사이드 잡에서 너무 욕심을 내지 않을 필요가 있다. 성과를 내는 속도를 천천히, 여유 있게 생각해야 지치지 않는다. 당연히 나의 사이드 잡에서도 원하는 목표가 있으니 조급해지기 십상이다. 그리고 꾸준히 무엇인가를 하면서도 아무리 좋아하는 일을 하고 있지만 과연 이걸 하는 게 맞나, 바쁜 시간을 쪼개서 이렇게 하는 것이 무슨 의미가 있을까 하는 생각도 자주 든다.

사실 나도 이런 느낌을 수시로 받는다. 회사 일 하나만으로도 정신이 없는데, 그 와중에 시간을 쪼개서 책을 쓰는 게 맞는 건지 의구심이 들 때가 많다. 특히 마음처럼 성과가 나지 않을 때마다 그냥 때려치울까, 무슨 부귀영화를 누리겠다고, 라는 생각이 불쑥 들기도 한다. 그런데 곰곰이 따져보면 상대적으로 시간을 많이 투자하기 힘드니까 속도가 나지 않는 건 당연한 것이다. 중요한 건 미루지 않고 꾸준하게, 느리지만 한 걸음씩 천천히 나아가고 있다는 것이다.

회사원이라는 하나의 명함으로도 우리는 충분히 바쁘다. 본업에 집중해서 확실하게 성과를 내는 것도 쉽지 않은 일이고, 이미 그것만으로도 대단하다. 솔직히 본업을 뛰어나게 잘한다면 다른 것은 굳이 하지 않아도 된다. 하지만 만약 두 번째 명함을 갖고 싶다면, 본업을 충실하게 한 다음 그 이외의 시간, 그리고 천천히 나만의 리듬으로 에너지 균형을 찾는 노력이 필요하다. 비록 당장 눈에 보이는 성과가 나타나지 않을지라도, 천천히 하고 싶은 일을 하루하루 해낸다는 것에 보람을 느끼면 된다. 물론 이러다가 언제 또 권태기처럼 무기력해지거나 지쳐서 중간에 쉬게 될지도 모르지만, 그러면 잠시 쉬었다가 다시 또 하면 되는것이다. 꾸준하게 나아가고 있다는 것에서 이미 잘하고 있다고, 스스로를 토닥이면 된다. 하루를 부지런히 두 배로 늘려 쓰는 효율적인 시간관리 방법은 어떤 것이 있을까?

나만의 시간 만들기

여러 가지 역할을 동시에 해야 할 때 오롯이 나에게만 집중해서 쓸 수 있는 시간이 부족하다. 낮에는 회사, 저녁에는 아이 돌보기에 바쁘다 보니, 시간을 관리한다기보다는 해야 할 일에 치여 이리저리 휩쓸린다는 느낌을 받기가 쉽다. 하루에 1시간, 혹은 적어도 30분이라도 방해받지 않고 나에게만 집중할 수 있는 시간을 만드는 것이 중요하다. 틈새시간을 활용하는 것도 좋다. 출퇴근 시간과 점심시간을 최대한 활용하는 것이다. 제한된 시간 내로 집중과 몰입을 하기에 가장 최적의 시간인 것 같다.

아침형인지 저녁형인지 분석해보기(미라클 모닝 vs. 미라클 나이트)

시간을 효율적으로 사용하려면 내가 집중해서 몰입할 수 있는 시간이 아침인지 저녁인지 스스로를 관찰해보자. 미라클 모닝이 유행한다고 해서 무작정 남들처럼 새벽에 일어나야 하는 건 아니다. 사람마다 효율적으로 몰입할 수 있는 바이오리듬이 있고, 새벽시간보다는 저녁시간에 집중이 더 잘되는 경우도 있다. 내가 집중할 수 있는 시간을 정해서 그 시간에 몰입해서 해야 하는 일들을 하는 것이 좋다. 단 새벽에 일어난다면 그 전날 밤에 일찍 잠을 자야지만 꾸준하게 지속할 수 있다.

장기목표와 단기목표 나누고 데드라인 정하기

1년 후 최종 목표를 정하는 것도 좋지만 1개월, 3개월 단위로 쪼개서 목표를 정한다. 예를 들어 1개월 목표를 정했다면 일주일 간격의 세부 목표를 세우는 건데, 나는 적극적으로 관리하기보다는 큰 방향성을 세우되 유연하게 대처하는 편이다. 코로나19처럼 생각지도 못했던 상황이 올 수 있기에, 장기

계획보다는 단기계획에 조금 더 집중한다. 해야 할 일들이 있으면 다이어리나 자기만의 캘린더(나는 구글 캘린더를 활용한다)에 기록해서 잊지 않도록 알람 설정을 해둔다. 번아웃이 오지 않게 하려면 일정한 시간 간격으로 목표를 이뤘을 때의 자기 자신에게 선물을 하는 것도 동기부여에 도움이 된다.

하루를 어떻게 보내는지 기록해보고 습관 찾기

목표를 이루기 위해 가장 중요한 건 바로 지금 당장 '오늘'을 어떻게 보내고 있는지 관찰하는 것이다. 하루하루가 모여서 미래의 내 모습이 되기 때문이다. 흰 종이를 꺼내서 루틴을 죽 써본다. 매일 하루를 마무리하면서 피드백을 통해 오늘 하루를 돌이켜보고, 그다음 날 데일리 계획과 투 두 리스트To do list를 세워보는 것이 중요하다. 마치 나의 하루를 디자인한다는 생각으로 말이다. 다음의 표는 아이젠하워 시간관리 매트릭스인데 투 두 리스트를 작성할 때나 우선순위를 정할 때 생각을 정리하는 데 도움이 되었다.

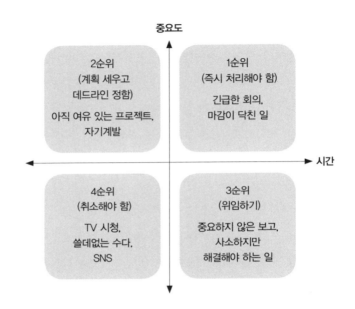

디지털 디톡스

시간관리에서 제일 피해야 하는 것이 바로 위의 매트릭스에서 4순위에 있는 중요하지 않고 급하지 않은 일이다. 나의 경우엔 핸드폰을 보면서 SNS를 하는 시간이었는데, 아무 생각 없이 보기 시작하면 1시간은 금방 지나갔다. (이런 사람들이 굉장히 많을 거라 생각한다.) 그래서 무엇보다 디지털 디톡스를 하는 것이 필요하단 생각이 들었다. 집중하는 시간만큼은 핸드폰을 일부러 항공모드로 바꿔서 방해받지 않게 했다. 특히 저녁에 과한 SNS 활동이나 유튜브 시청 등은 쉬어야 할 우리의 몸을 자꾸 자극해 도파민 중독으로 이어지게 만든다. 즉각적인 쾌락에 익숙해지면 더 쉽고 자극적인 것을 찾게 되고 우울증, 무기력증 같은 증상이 나타나 '시간관리'와는 더 멀어지는 삶을 살게 된다.

사는 대로 생각하는 게 아니라 생각하는 대로 나의 인생을 디자인하고 싶다면 가장 중요한 건 바로 미루지 않는 습관이다. 아무리 근사한 목표를 세웠더라도 '실천'을 하지 않으면 아무 소용이 없다. 조금이라도 게을러질 것 같으면 미리미리 해야 할 일을 데드라인 훨씬 전에 해두는 것도 방법이다.

나에게 용기를 준
새벽 영어 원서 낭독반

나는 새벽시간을 통해 새로운 일에 도전하고, 익숙한 영역을 벗어나고 몰입을 경험하는 것을 실천해왔다. 사실 새벽시간 활용은 육아, 회사 일 그리고 대학원 과정을 동시에 하던 시절부터 생긴 습관이었다. 이 세 가지를 동시에 하려니 제대로 하는 게 없는 것 같다는 생각에 고군분투했지만 모두 내가 너무 하고 싶었던 것들이었기에 하나도 놓치고 싶지 않았다. 그래서 세 개 모두를 완벽하게 하기보다는 조금씩 내가 할 수 있는 만큼까지만 균형을 유지하자고 다짐했다.

대학원 시절 마케팅 수업을 들으면서 가장 많이 깨달은 건 바로 나를 표현하는 하나의 핵심 메시지가 굉장히 중요하다는 것이었다. 아직은 나를 표현할 수 있는 단 하나의 뚜렷한 문장이나 콘셉트가 명확하지 않았다. 지금도 여전히 단 하나의 파워풀한 메시지를 전달하는 브랜드는 없지만, 계속해서 생각, 고민만 하지 않고 행동으로 옮겨보는 변화가 있었다. 나의 장점을 활용해서 타인에게 도움이 되는 가치가 무엇인지, 남들이 물어보는 것들이 무엇인지, 내가 하고 싶은 것이나 제공하고 싶은 것보다는 사람들이 나로부터 원하는 것에 대해 고민해보았다. 잘하면서도 매일 습관화하는 것, 그러면서 남들에게 도움을 줄 수 있는 방법으로 '매일 작은 성공 습관'으로 이미 자리 잡은 '영어'라는 토픽이 떠올랐다. 사실 영어 공부는 너무 많은 사람이 하는 것이라서 식상하단 생각도 잠시 들긴 했다. 오랜 해외생활로 인해, 당연히 해야 하는 루틴이라 일부러 의식하지 못했고, 마치 일어나서 세수하고 양치질 하는 것마냥 당연한 일상의 루틴이라고만 생각해왔다.

이번에야말로 그저 고민에만 그칠 것이 아니라

일단 행동해보고 싶어서 새벽 영어 원서 낭독 미션을 모집해보았다. 코로나 시기를 거치면서 점점 지쳐가던 중, 루틴을 지키는 것이 하루의 단단한 중심을 세우는 데 필수적이란 생각이 들었다. 어차피 코로나였기에 대면이 불가능해서 줌 미팅으로 우리는 그렇게 새벽에 모이기로 했다. 고민에 파묻히지 않도록, 일단 해보자는 실행력이 우선이란 생각이 들었다. 단 1명이라도 왔으면 좋겠다는 마음으로 인터넷 카페에 공지를 올렸는데 너무 감사하게도 10명 이상이 순식간에 모집되었다. 사실 영어 공부가 어떻게 나의 브랜딩과 연결이 될지 잘 그려지지 않았다. 일단 내가 할 수 있는 한에서 아주 작은 시작을 해보는 데 의미를 두었다. 이번에도 무슨 자격으로, 나보다 더 대단한 사람들도 많을 텐데, 라는 자기검열의 목소리가 소근소근 들려왔지만, 죽이 되든 밥이 되든 일단은 해보고 싶다는 생각이 들었다. 비록 흑역사로 남게 될지라도 말이다. 남들과의 약속이 중요하듯이, 나 스스로와의 약속도 중요하니까.

우리는 매일 새벽 같은 시간에 30분 동안 돌아

가면서 정해진 원서를 두 단락씩 읽었다. 이른 시간에 눈 비비고 일어나서 책상에 앉아 책을 매일 읽는다는 것이 생각보다 쉬운 일은 아니었다. 그래도 나를 기다리고 있을 새벽 원서 낭독 멤버들을 생각하니 책임감이 생겨서 하루도 빠뜨릴 수 없었다. 그렇게 한 달 동안 원서 한 권을 모두 읽었다. 혼자였다면 아마도 포기했을지도 모르는데 다 함께 완독할 수 있다니, 혼자서 하는 도전이 지치고 포기하고 싶으면 같은 목표를 가진 사람들과 함께하면 이룰 수 있다는 사실을 깨달았던 계기가 되었다.

내가 갖고 있는 원서들은 항상 앞부분만 까맣고 뒷부분까지는 좀처럼 진도가 나가지 않았었다. 이것은 마치 《수학의 정석》에서 집합 부분만 손때가 묻어 있는 것처럼 앞부분은 의욕적으로 시작했다가 뒤로 갈수록 흐지부지되는 이치였다. 모르는 단어들로 인해 밑줄친 곳도 물론 많다. 아마 혼자였다면 단어 찾다가 지쳐서 그냥 또 중간에 그만뒀을지도 모르겠다. 그런데 함께 읽어나가다 보니 단어를 몰라도 문맥상 추리하고 읽어나가는 것이 습관이 되었다.

수많은 영어 원서가 라면 냄비 받침으로 쓰이거나, 책장에 꽂힌 채 먼지만 뒤집어쓰고 있었는데, 일단 한번 시도해보자는 생각으로 해냈던 새벽 원서 낭독 경험은 나에게 큰 성취감을 안겨주었다. 이런 작은 성취감들이 모이면 다음으로 넘어갈 수 있는 커다란 동력이 된다. '나의 하루'를 빛낼 수 있는 작은 성공을 하나씩 모아보자.

외국계 15년 차의
영어 공부 비결

"중급 단계에서 고급 영어로 가는 비법이 너무 궁금해요."

얼마 전 어떤 분과의 대화에서 나눈 이야기인데, 영어에 대한 고민은 아무리 오랫동안 세월이 흘러도 해결되기 쉽지 않은 것 같다. 나 역시 대부분의 시간을 영어만 사용하는 회사생활을 10년 넘게 해오고 있지만, 고급 영어에 대한 갈증은 여전하다. 대학 시절 영어경시대회에서 상도 받고, 영어가 좋아서 해외취업도 하게 되었지만, 오히려 영어에 대한 자신감이 좀 더 떨어졌달까.

해외에서 산다고, 영어를 매일 쓴다고 해서 자동으로 영어가 늘고 원어민처럼 완벽한 영어를 구사하는 건 아니다. 그리고 사실 원어민들도 다들 커뮤니케이션이 완벽한 건 아니다. 이메일 내용을 봐도, 그래서 구체적으로 액션 포인트가 뭐라는 건지 의문이 든다면, 그건 효과적인 의사소통이 아니기 때문이다.

업무상으로 이메일을 쓰다가도 메일 내용이 간결하면서 전달력 있게 쓴 건지 쓰고 나서도 계속 다시 생각하고 어휘를 바꿔보기도 하고, 그렇게 한참 붙잡고 있다가 겨우 보낼 때가 많다. 단어 하나에, 문장 하나에 민감한 중요한 협상 내용이 담기는 내용일수록 더욱 그렇다.

특히 코로나로 인해 재택근무가 길어지고 콘퍼런스 콜이 자주 생기면서 커뮤니케이션 스킬 중, 내가 쓰는 어휘와 전달력이 점점 더 중요해짐을 느낀다. 같은 내용을 전달해도 적절하면서 상황에 맞는 세련된 표현의 단어를 구사하는 동료들을 보면 나도 언젠간 저렇게 고급진 영어를 구사하고 싶다는 생각이 들 때가 많다. 프레젠테이션, 보스와의 1 대

1 대화, 글로벌 동료들한테 보내야 하는 이메일 등 보다 세련된 영어를 구사하고 싶다는 욕심은 끝이 없다.

고급 영어에 대한 욕구가 최고조에 달할 때는 바로 고객과의 미팅 때 아이스브레이킹ice breaking할 때다. 업무상으로 만나는 고객 중에 시사상식에 초고수인 사람이 있다. 그분은 세계 뉴스나 시사에 대한 토픽으로 먼저 대화를 시작한다. 언젠가 어떻게 그렇게 모르는 것이 없는지, 비결이 뭐냐고 묻자 그는 이렇게 대답했다.

"I just read a lot." (그냥 많이 읽는 거죠.)

역시 왕도는 없었다. 꾸준한 영어 환경 노출과 읽기가 제일 중요한 부분이었다. 유튜브에도 정말 수많은 영어 교육 자료들이 있는데, 나의 경우엔 주로 테드 토크Ted Talk를 보거나, 〈이코노미스트〉를 읽어왔었다. 테드는 한국어 번역본도 있고 스크립트도 있어서 공부하기 편하고 〈이코노미스트〉의 경우엔 유료로 구독을 하게 되면 '에스프레소Espresso'라는 모닝 브리핑 메일을 매일 보내주는데 출근길 동안 지하철에서 읽어보기가 편해서 좋다.

최근에는 눈에 띄는 사이트와 콘텐츠를 발견했는데 (이미 아는 사람들도 있겠지만) 공유하고 싶다.

CNN 뉴스

CNN 뉴스 청취인데 스크립트와 단어까지 친절하게 쓰여 있다. 모르는 단어가 나올 때마다 사전을 찾을 필요가 없어서 매우 유용한 듯하다.

Hello Monday

커리어에 자극을 받고 싶은 사람들에게 좋은 방송이다. 일의 의미와 커리어가 우리를 어떻게 변화시키는지에 대해 탐구하며 전 세계 다양한 유명인을 초청해 인터뷰를 한다.

Great Women of Business

유리천장을 깨고 성공한 여성들의 이야기를 담은 팟캐스트 방송인데 커리어 고민이나 성장에 관심이 많은 사람들이라면 동기부여를 받는 데 도움이 된다.

양질의 콘텐츠는 주변에 너무나 많다. 역시 영

어 공부는 내가 얼마나 적극적으로 하느냐가 중요한데, 바쁜 직장인이어서, 따로 시간 내기가 힘들 때 다음 3가지만 기억하자. 키워드는 아주 작게, 짧게, 하지만 꾸준하게 써먹기다.

아주 작고 쉬운 목표 세우기

나만의 장치를 만들어야 한다. 아침 일찍 일어나 필사를 하든지, 매일 아티클 1개는 읽겠다든지, 아니면 영어 원서 한 챕터만 읽겠다든지 무슨 일이 있어도 지킬 수 있는 나의 작은 목표를 만들어야 한다. 그리고 습관화하는 것이 중요하다. 영어는, 그중 특히 중급에서 고급으로 넘어가는 레벨은 반짝 하루이틀 해서 실력이 느는 것이 아니기 때문에 꾸준함이 제일 중요하다.

함께하는 스터디 메이트 만들기

작은 목표를 만들어두어도 작심삼일로 인해 지속하기 힘들 때가 있다. 그럴 때는 함께할 수 있는 스터디 메이트를 구해보자. 나의 경우엔 원서를 한 권 끝까지 읽어보고 싶었다. 좋은 책이라고 추천받아서 사두고선 책장에서 먼지만 뒤집어쓰던 원서들이 많았는데 혼자서는 처음 부분만 조금 읽다가 관두게 되었다. 하지만 새벽에 원서 낭독 모임을 시작하고 나서는 끝까지 읽을 수 있어서 뿌듯했다. 혹은 토스트 마스터즈와 같은 스피치 모임에 등록해서 다른 사람들과 이야기할 수 있는 환경설정을 하는 것도 도움이 된다. 혼자서 지속하기 어려울 때는 나와 같은 목표를 가진 스터디 메이트와 함께할 때 목표를 달성할 힘을 얻을 수 있다.

짧게 하지만 자주 노출하기

좋은 콘텐츠들에 나를 노출한다. 관심 있는 분야가 영어로 되어 있는 미디어를 선택해서 계속해서 노출시키는 것이 중요하다. 일부러 들을 시간이 없다면, 출퇴근 시간이나 자투리 시간을 활용하면 된다. 바쁜 직장인이라 마음잡고 앉아서 1~2시간 동안 하기가 힘들 경우, 5분~10분의 자투리 시간이더라도 지속적으로 노출하는게 좋은데, 이럴 때 유용한 것이 바로 최대 10분 길이의 유튜브 콘텐츠 영상이다.

꾸준하게 직접 아웃풋 해보기

인풋이 있는데 아웃풋이 없다면 언어는 제대로 습득한 것이라 볼 수 없다. 새로운 표현을 배웠다면 딱 한 가지 표현만이라도 직접 써보는 연습을 해본다. 동료와의 대화에서, 혹은 이메일에서, 아니면 하다못해 나 혼자 끄적이는 노트에서라도 직접 써봐야지만 체득할 수 있다. 새로운 단어를 알게 되더라도 다시 써보지 않으면 나중에 기억하기 어렵기 때문에 꼭 한 번쯤은 내 목소리로, 내 손으로 써보는 아웃풋을 거쳐야 한다.

솔직히 이 중에서 아주 신박하거나 새로운 방법은 없을 것이다. 단지 얼마나 이런 방법을 '습관화'했는지가 중요하다. 나도 이런 아주 작은 습관을 들이기 위해 노력 중이다. 1분 1초가 아까운 바쁜 직장인이지만 이렇게 차곡차곡 습관을 쌓아가다 보면 조금씩 고급진 영어 실력을 갖출 수 있을 것이다.

서른,
근육이 튼튼한 여자가 되는 시간

　　20대를 지나 30대에 접어들면서 느꼈던 확연한 변화는 바로 체력이다. 늦게까지 일해도 끄떡없던 시절을 지나 30대가 되니 시간이 지날수록 아무리 잘하고 싶은 의지가 있다고 하더라도 체력이 받쳐주지 않으니 힘들었다. '나'의 효율이 떨어지니 퇴근 이후에도 무기력감은 쉽사리 떨쳐지지 않았다. 내가 그때 했던 건 이메일 더미에서 머리에 김이 나도록 일을 하다가 퇴근시간 땡, 하자마자 바로 노트북을 닫아버리는 거였다.

　　나는 일 벌이기를 좋아하고 도전하는 것을 즐기

지만 그렇다고 해서 항상 열심히 사는 것은 아니다. 평소에 부지런하게 살려고 노력하다가도 때로는 예고 없는 무기력함에 만사가 귀찮아지고, 의욕을 잃기도 한다. 아무리 애를 써도 노력으로만, 계획대로만 인생이 흘러가는 것이 아니다 보니 그런 것 같다. 사람이기에 감정에 좌지우지될 때도 있고, 루틴을 100% 달성하는 것도 아니다. 처음엔 이 느낌이 해외생활의 외로움에서 비롯되는 것일까, 아니면 너무 많은 일을 해서 그런 것일까 궁금하기도 했지만, 점점 그런 건 별로 상관없음을 깨달았다. 아무 이유 없이, '그냥' 그럴 때도 있는 것이다.

예전에 PT를 받았던 시절 트레이너 선생님이 운동을 할 때도 일주일에 한 번은 꼭 휴식을 취하는 것이 중요하다고 했다. 근력 운동 후 생기는 근육통과 피로가 올 때 무리하지 않고 건강하게 잘 먹고 휴식을 취해야 근육 성장에 도움이 된다고 했다. 오히려 매일같이 무리한 운동을 하게 되면 식욕저하, 만성 피로, 무기력증이 올 수도 있다고 한다.

이는 운동에만 적용되는 건 아닌 것 같다. 나는 나에게 찾아온 슬럼프를 억지로 떼어내려고 하지 않고 다음과 같이 찬찬히 단계대로 해본다.

첫 번째, 굳이 무기력함을 떨쳐내려고 노력하지 않고 오히려 실컷 무기력함을 즐겨본다. 틈새 없이 짜여진 계획 안에서, 틀 안에서 하는 거 말고, 내가 하고 싶은 대로 일탈을 해본다. 나는 식단을 생각하지 않고 내가 먹고 싶은 맥주와 맛있는 초밥을 혼자 카운터에 앉아서 좋아하는 음악을 들으면서 먹었다. 그리고 그동안 많이 힘들었지, 애썼어, 오늘은 아무 생각하지 말고 하고 싶은 거 다해, 라고 스스로를 토닥였다. 물론 다이어트는 멀어져가지만, 그래도 스트레스가 쌓인 채 무기력해진 마음을 달래는 데에는 퇴근 후 맥주 한 잔이 보약이었다.

나를 계획 안에 가두고 다그치기보다는 최대한 느슨하게 풀어두고 마음 돌보기에 집중해보자. 그저 지금 이 순간의 의욕 없음을 인정하고 나를 자유롭게 놓아준다.

두 번째, 그렇게 내려놓는 휴식을 갖고 나면 슬슬 다시 시작하고 싶다는 생각이 회복된다.

업무 특성상 외부 고객 미팅이 자주 있는데 사람들을 만날 때마다 공통적으로 느낀 건, 자신감이 있는 사람들은 대화 중에 사람을 끌어당기는 긍정적인 매력이 있다는 것이었다. 그들 중 대부분의 경우 꾸준히 운동하는 사람들이 많았다.

그리고 10년 넘게 직장생활을 하면서 느낀 건 일을 잘하는 리더들에게는 공통점이 있는데 출근할 때 그들의 가방은 언제나 2개라는 것이었다. 하나는 노트북이 담긴 서류가방, 그리고 나머지 하나는 헬스장으로 들고 갈 운동 가방이었다. 그들은 일도 열심히 하지만, 퇴근 후나 점심시간에 항상 헬스장에서 운동을 했다. 아무래도 체력이 좋아야지만 일도 열심히 할 수 있기 때문일 것이다. 나는 자신감을 갖추기 위해서 그동안 내면의 성장에 집중했는데, 내면의 성장을 뒷받침해주는 건 바로 나의 체력이라는 걸 아주 크게 깨달았다.

코로나로 오랫동안 헬스장에 갈 수 없을 때는 주로 홈트를 꾸준히 하려고 했다. 사실 운동하기 직전까지 귀찮고 게을러지는 느낌과 오만 가지 하기 싫은 이유들이 떠오른다. 세상에서 가장 긴 거리가 바로 운동하기 위해 갈아 신는 운동화까지의 거리라고 하지 않는가.

운동하기 전까지 나 자신과의 싸움을 끝내고 나면 레깅스로 갈아입고 딱 10분만 하고 말자, 라고 시작한다. 그러다 보면 어느새 30분이 지나가고, 끝난 후에는 땀범벅이지만 개운함과 함께 성취감이 느껴진다. 요즘에는 유튜브에서 나오는 홈트도 한 달 코스, 혹은 20주 완성 코스 등 체계적인 구조로 짜여진 커리큘럼이어서 그대로만 따라 하면 성취감을 얻을 수 있는 과정이 많다. 하루 종일 스트레스에 시달리다가도 운동 후에 스스로 뭔가를 해냈다는 성취감이 활력소가 된다.

지금은 매일 아침 걷기 운동을 하는데 내가 꼭 빠뜨리지 않는 루틴은 무선 이어폰을 챙기는 것이다. 평소에 듣고 싶었던 유튜브 강의들, 동기부여 팟캐스트 콘텐츠들을 항상 나중에 보기로 저장해두고 걷기 운동할 때 그 리스트를 하나씩 들어본다. 콘텐츠를 들으면서 걷다 보면 시간이 가는 줄 모르고 목표한 걸음 수를 채우게 된다. 걷기 운동은 다이어트를 위해 시작한 루틴인데, 건강과 더불어 생각의 근육을 단련하는 시간이다. 체력을 위해서 걷기 운동을 하고 영양제를 챙겨 먹듯이 나의 도전정신을 유지하기 위해 관심 분야 콘텐츠를 이 시간에 몰아듣는다. 물론 책상에 앉아서 가만히 들을 수도 있겠지만 걸을 때야말로 가장 좋은 시간이 아닌가 싶다. 시간의 효율적인 측면에서도 방송을 들으면서도 운동도 되는 거니까.

그 외에는 막간을 이용한 짧은 운동을 하려고 노력한다. 아침에 커피물이 끓는 동안 찰나의 시간에 스트레칭을 하고, 엘레베이터를 기다리는 동안 스쿼트를 10번 완성해본다. 시간이 없어서 운동을 못한다는 핑계를 대지 않기 위해 아주 작은 목표들을 촘촘하게 계획했다. 어쩌면 별것 아니라고 느껴질 수 있는 그 작은 운동들을 습관화하기 위해 다이어리 한편 'Habit tracker'에 동그라미 표시를 해나간다. 그렇게 하루에 완성한 작은 운동 습관 리스트를 보면 뿌듯함이 느껴졌다. 운동 외에도 식단에 신경을 쓰는데, 건강하지 않은 군것질을 끊고 최대한 식사시간에 좋은 재료로 만든 음식을 먹고 식단일기로 기록을 했다. 기록을 하다 보면 내가 오늘 먹은 음식들이 어떤지 한눈에 볼 수 있어서 건강한 식습관을 유지하는 데도 도움이 된다.

　체력이 떨어진 30대엔 조금만 신경을 써도 두통이 생기고, 하루 종일 온몸에 힘이 없고 기운이 없이 지내는 날도 많다. 일을 하거나 공부를 하려면 의지보다는 체력이 절대적으로 중요하다. 한 가지 더하자면 영양제를 먹어도 눈에 띄는 변화가 없어서 쓸데없는 낭비라고 생각했었는데 요즘에는 비타민 같은 영양제도 종류별로 꼬박꼬박 챙겨 먹으려고 한다. 식탐을 절제하고 게을러지려는 나의 의지를 독하게 다잡아보고 싶다.

　어제와 똑같은 하루를 보내면서 다른 내일을 기대하는 건 '망상'이다. 오늘도 나는 조금이라도 달라진 내일을 기대하기 위해 운동복으로 갈아입는다. 한 번도 가지지 못한 걸 가지려면 한 번도 안 해본 노력을 해야 하니까.

부러움을
기회로 전환하는 방법

싱가포르에서 막 직장생활을 시작했을 때 다른 부서에서 일하던 친구 집에 초대를 받아 놀러 간 적이 있었다. 집값이 비싸기로 소문난 동네에 넓은 평수의 고급 아파트에서 여유 있게 지내는 친구를 보니 좁은 방 한 칸을 렌트하면서 지내는 나의 처지와 순식간에 비교가 되면서 부럽다는 생각이 든 적이 있다.

언젠가는 도달하고 싶은 상황을 목격했을 때 부럽다는 감정을 느끼는 것은 당연한 것이다. 그러나 그냥 그것으로 멈추게 되면 이내 사라지거나 자괴

감으로 변질되기도 한다. 이런 감정을 긍정적언 기회로 전환하는 방법은 바로 내가 부러움을 느끼는 그 순간을 꼼꼼하게 관찰해서 내가 이루고 싶은 목표로 전환하는 것이다. 막연하게 부럽게만 생각하는 것이 아니라, 부러우니 나는 어떻게 해볼까, 라고 주어를 '나'로 바꾸고 포커스를 '행동'으로 맞추는 것이 중요하다. 왜 부러움을 느끼는 것인지 구체적인 이유를 생각해보고, 그 목표를 이루려면 어떻게 해야 하는지 지금 내 상황에서 할 수 있는 실행 계획을 함께 세워본다. 그러고 나면 어느새 부러움은 소모적인 감정에 그치지 않고 생산적인 에너지로 전환된다.

당시 내가 부럽다고 느꼈던 포인트는 바로 부엌과 화장실을 여유 있게 쓰는 것이었다. 하우스 쉐어링을 하게 되면 다른 방의 하우스 메이트들과, 혹은 집주인과 부엌이나 화장실에서 마주치게 되는데 하루 일과를 마치고 피곤한 몸으로 집에 가면 타인과 공유하는 생활 공간이 결코 편하지 않았다. 여러 명과 함께 쓰느라 나에게 할당된 좁은 냉장고 한 칸 구석을 쓰는 대신 냉장고 전체를 자유롭게 쓸 수 있었으면, 하우스 메이트 눈치를 보지 않고 화장실을 내가 원하는 시간에 쓸 수 있었으면 얼마나 좋을까라고 생각했었다. 그런 와중에 마음껏 집 한 채를 여유 있게 렌트할 수 있는 친구의 자유로운 상황을 보니 그런 감정이 드는 건 당연했다.

나는 그 감정을 바탕으로 나의 상황을 벗어날 수 있는 목표를 세웠다. 그러려면 넉넉한 렌트비를 낼 수 있을 정도로 연봉 인상을 해야 했고, 그것을 위해서는 회사 생활을 조금 더 성공적으로 할 수 있어야겠단 생각이 들었다. 그렇게 역으로 세부적인 계획을 세우다 보니 매년 안주하기보다는 성장하고 싶다는 생각, 공급보다 수요가 높은 커리어 스킬과 경쟁력을 갖춰야겠다는 생각이 들었다. 부러움이라는 감정이 커리어를 개발하고 발전하고 싶다는 생산적인 계획으로 바뀌어진 순간이었다.

주니어 시절을 벗어난 지금의 내가 부러운 사람은 자기만의 브랜딩과 색깔이 확실한 사람들이다. 어느 분야가 되었든 개성이 뚜렷하게 스스로를 표현하면서 남들과는 다른 차별화된 매력을 갖춘 사람이 부럽다. 그래서 이런 부러움을 다시 세부적인 목표로 전환하기 위해 내가 지금 할 수 있는 방법에는 어떤 것들이 있을지 알아보고 해나가는 중이다. 사실 목표를 이룰 수 있는 방법은 다양하게 있는데 무엇보다도 실행력이 관건인 것 같다. 그래서 어떻게 구체적으로 실현해볼 수 있을지 고민 중이다.

회사가 나를 모셔갈 수 있는 강력한 브랜딩이 있으면 커리어를 쌓아가는 동안에도 당당해질 수 있다. 마치 미슐랭 스타 셰프가 본인을 채용해달라고 구걸하러 다니지 않고 레스토랑에서 서로 모셔가려고 하는 것처럼, 혹은 세계적인 축구선수를 명문 구단들이 높은 이적료를 제시하며 서로 스카우트하고 싶어 하는 것처럼 말이다. 대체할 수 없는 희귀성이 높은 스킬 셋을 갖춘 인재일수록 가치가 높아진다. 단순히 높은 연봉의 문제를 넘어서 커리어의 주도성을 내가 직접 통제할 수 있는 자신감은 결국 퍼스널 브랜딩에서 온다.

조직의 이름보다는 내가 어떤 일을 할 수 있는 사람인지, 어떤 경험을 쌓았는지 본질에 집중하는 것이 필요하다. 아무리 경기가 어려워도 흔들리지 않는 자신감은 결국 내 안에서 찾아야 한다. 회사는 나의 내공을 쌓을 수 있는 무대일 뿐, 영원히 커리어를 책임져주는 곳은 아니기 때문이다. 프로의 세계란 홀로서기를 하더라도 충분히 스스로 당당할 수 있는 자신감이 있는 커리어를 가진 사람들의 세계가 아닐까. 같은 One이지만 'One of them'이 될지 'Only one'이 될지는 결국 스스로 만들어가야 하는 것 같다.

같은 현상을 보더라도 부러움을 느끼는 포인트가 각자 다를 수 있다. 저마다 갖고 있는 욕심과 이루고 싶은 가치가 다르기 때문이다. 부럽다에서 끝나지 말고, 부러우니까 나도 한번 해봐야지라는 생각과 함께 작은 실행으로 옮길 수 있는 추진력을 유지하는 것이 필요하다. 일시적이고 소모적 감정이 아니라 긍정적인 기회로 전환하려면 내가 할 수 있는 범위에서 최대한 방법을 찾아보는 것이 나의 소중한 시간을 생산적으로 쓰는 방법일 테니까.

나를 위해 선물하는
느슨한 하루

나는 번아웃이 곧 나를 덮칠 것 같은 예감이 들 때가 있다. 피곤하다는 말이 입에 붙어버리거나 갑자기 모든 의욕이 싸그리 차갑게 식어버릴 때가 있다. 이럴 때마다 나는 '나'의 스위치를 전부 끄고 혼자 사색하는 시간을 일부러 늘리곤 한다.

여러 가지 역할들을 소화하려면 꾸준히 지속할 수 있는 마음 관리가 필요하다. 나는 일부러 하던 일들의 속도를 줄이고 내가 어디쯤에 와 있는지 확인해보았다. 몰려오는 일들 사이에서 허우적대는 불안한 내가 보였다. 마치 망망대해에서 가라앉지 않

기 위해 열심히 발버둥을 치고 있으면서, 곧 부서질
지도 모르는 나무판자에 의지하고 있는 것 같다는
생각이 들었다.

일단 빡빡한 투 두 리스트를 보며 내가 원하는
'Want' to do list 인지 아님 해야 하는 'Have' to do
list 인지 구분해보았다. 둘 중 원하는 일보다 해야 하
는 일들이 점점 무거워질 때, 결국 중심을 잃고 균형
이 깨지고 혼란스러워지기 때문이다. 하지만 이조차
도 구분하기 힘들 때는 다음의 방법들을 써본다.

디톡스의 시간

번아웃이 오는 이유는 자극이 많아서이기도 하
다. 끊임없이 울리는 알람, 전화, 이메일에서 플러그
를 전부 뽑아버리고 몇 시간만이라도 디톡스를 해
본다. 이때는 정말 아무것도 하지 않는 것이 좋다.
그냥 빈둥거려도 좋고, 나의 경우엔 멍 때리면서 산
책하기를 했는데, 모든 자극에서 벗어나서 철저하
게 혼자만의 시간을 갖는다. 무기력하니까, 더욱 격
렬하게 아무것도 하지 않다 보면 오히려 아이러니
하게도 뭔가를 하고 싶단 욕구가 슬금슬금 올라오

기 마련이다. 그때까지 열심히 아무것도 하지 않고 스스로에게 휴식시간을 준다.

나를 인터뷰하는 시간

아무것도 하지 않다가 조금이라도 기운이 올라오려고 하면 내가 좋아하는 일을 천천히 시작한다. 내가 좋아하는 음악을 듣고, 읽고 싶었던 책을 읽으면서 사색을 하고 혼자만의 노트에 끄적거린다. 이 중에서 효과가 나름 괜찮았던 방법은 바로 내가 원하는 완벽한 하루를 글로써 적어보는 것이다. 이상적인 모습이 담긴 사진들을 글 옆에 붙여보는 것도 좋다. 지금은 꿈만 같은, 현실감각이 없어 보일지 모르는 하루 일상을 쓰다 보면 말도 안 되는 것 같아서 아마 손발이 오글거릴지도 모른다. 하지만 철저하게 '나'만을 위한 시간에 스스로의 목소리를 들어보는 셀프 인터뷰는 마음이 흔들릴 때 뚜렷하게 목표를 시각화할 수 있어서 매우 중요하다.

좋아하는 사람들과 대화

나와의 대화를 실컷 하고 난 후, 이젠 사람들과

의 대화가 필요한 시점이다. 내가 좋아하는 사람들과의 만남을 통해서 에너지를 받을 수 있다. 특히 나와 공감대가 비슷하고 결이 맞는 사람들과의 대화는 활력소가 되기도 한다. 혼자 생각했을 때 미처 발견하지 못했던 부분을 사람들과의 대화를 통해 알아갈 수 있고, 나의 고민을 공감해주는 덕분에 위로를 받기도 한다. 불안해하는 마음이 나 혼자만의 고민이 아니었음을 알게 되고 함께 이야기하는 동안 다시 무엇인가를 시작할 용기를 얻기도 한다.

번아웃은 마치 감기와 같아서 마음의 면역력이 약해질 때마다 종종 찾아온다. 항상 햇빛이 쨍쨍한 날만 있을 수 없고, 때로는 구름도 끼고 비도 오는 날도 있듯이, 다가온 이 시간을 받아들이고, 천천히 회복해나가면 된다. 아무것도 하지 않고 마음껏 디톡스를 한 뒤, 점점 회복되는 가운데 나와의 대화를 통해, 그리고 사람들과의 대화를 통해 중심을 잡는 동안 어느새 나도 모르는 사이에 이 시기도 지나갈 테니까.

이제 팬데믹에서도 어느 정도 벗어났으니 새로

운 장소를 찾아 가벼운 여행을 하는 것도 좋을 것 같다. 익숙한 공간에서는 익숙한 생각만 하게 되니, 낯선 곳에서 새로운 '나'를 만나는 것도 마음 회복에 건강한 도움이 된다.

매일매일 빡빡한 하루를 보내지 않아도 된다. 챗바퀴처럼 돌아가는 일상 속에서 쉼표가 필요한 순간이 있다. 그럴 때는 그동안 많이 힘들었나보구나, 조금 쉬었다 가자고 스스로를 다독여주자. 물론 게으른 하루가 너무 오랫동안 지속되면 바람직하진 않겠지만, 사실 어느 정도 내려놓은 일상을 보내고 나면 노는 것도 지겨워지면서 다시 슬그머니 루틴으로 돌아와야 한다는 생각이 든다.

가끔은 게으름 범벅인 날들을 보내며 회복하는 시간을 갖자. 평생 나와 함께할 수 있는 건 오직 '나'다. 그러니 지쳐 있는 나의 마음을 알아채고 좀 더 세심하게 챙기자.

반전 드라마를
꿈꾸며

코로나 시기를 겪으면서 찾아온 무료함과 답답함을 매일 일정한 루틴을 조금씩 반복하면서 극복하려고 했다. 이렇게 작은 성공을 반복하다 보면 찾아오는 자신감의 복리 효과도 매너리즘을 극복할 수 있는 좋은 방법이다. 하지만 가끔은 루틴에서 벗어나서 다른 것을 시도해보고 싶을 때도 있다. 혹시 내가 놓친 어떤 무엇인가가 나를 기다리고 있진 않을까라는 생각에 이제까지 해온 것과 전혀 다른 일을 도전해보기도 한다.

예전 회사에서 함께 일하던 친구들은 국적을 불

문하고 커리어에 대한 야망이나 열정이 높은 친구들이 많았다. 입사한 지 3년 차, 퇴근 후 우리는 회사 팬트리에서 간단하게 저녁을 해결하고 저마다 공부하던 책을 갖고 회의실로 갔다. 가끔은 주말에도 시간을 정하고 나와서 대학교 도서관에서 공부하는 것처럼 서로의 꿈을 응원하면서 함께 공부해나갔다. 당시에 로스쿨 준비하던 친구, 석사과정을 꿈꾸던 친구, CFA(국제재무분석사)를 준비하던 친구, 그리고 회사업무를 공부하던 친구 등등 우리는 국적도 다르고 공부하는 것도 달랐지만 목표는 같았다. 바로 변화를 이루고 싶다는 것이었다.

남들이 보기에는 탄탄하고 좋은 회사에 입사한 우리들이었지만, 아직은 사회초년생이었던 20대 우리들은 좀 더 나은 미래를 꿈꾸는 에너지가 넘쳤다. 이젠 앞으로 어떻게 할까, 넥스트 스텝에 대한 강한 의문을 갖고 있었다. 계속해서 같은 포지션에만 머무르는 것이 아니라 승진을 원하는 친구도 있었고, 업종을 바꾸고 싶어 하는 친구들도 있었다. 마음이 맞는 친구들이었던 우리들은 점심시간에 함께 진로 고민을 서로 나누고, 꿈을 응원했다.

일은 나쁘지 않았고, 보람도 있었다. 하지만 매일 쳇바퀴처럼 반복되는 생활을 하다 보니 몇 년 후 나의 미래는? 그리고 언제까지 이렇게 지낼 수 있을까에 대한 강한 의문이 들기 시작했다. 목표는 달랐지만, 우리들의 열정은 뜨거웠다. 앞으로 인생을 어떻게 살고 싶은지에 대해 진지하게 고민했고, 그렇게 친구들은 하나둘씩 목표에 다가갔다. 로스쿨로, MBA로, 유럽으로 아예 회사를 떠나게 된 친구들도 있었고, 자격증 시험에 합격하거나 승진을 이룬 친구들도 있었다.

30대가 되고 난 이후, 반전 드라마는 꼭 공부로만 이루기보다는 내가 하고 싶은 일을 주도하고, 모임을 리딩하면서 다양한 방법으로도 이룰 수 있다는 것을 깨닫는다. 그동안 강의, 책, 멘토링, 세미나 등등에 파묻혀서 프로 수강러로 지내왔다. 하지만 모임을 이끌거나 먼저 주도하는 것은 회사 프로젝트 말고 별로 해본 적이 없다. 왜냐면 내가 그만한 내공을 갖추지 못해서, 아직 부족해서, 자격이 없어서라고 스스로를 깎아내리고 있었기 때문이다. 그런데 생각해보면 그 자격이나 내공은 저절로 생겨나는 것이 아니었다. 아무리 많이 배우고 채우려고 해도 배우고 나면 그 위에 또 다른 레벨이 기다리고 있고, 끝이 없어서 아쉬움을 완전하게 지워내기 힘들다.

언젠가부터 지식의 소비자 말고 생산자가 되고 싶다는 희망이 생겼다. 자기만족에서 그치는 공부 말고, 세상과 만나는 시도를 해보고 싶다. 작게 시작하고, 시장을 테스트하고 니즈를 찾아내는 것이야말로 실질적인 세상 공부인 것 같다. 그래서 나름대로의 프로젝트를 기획해보려고 고민 중이다.

20대 시절, 저마다 다른 방향으로 커리어의 반전 드라마를 꿈꾸던 당시의 우리들은 지금은 다들 목표를 향해 다른 곳에서 일하고 있지만, 다 함께 퇴근 후 회의실에 앉아 컵라면을 먹으면서, 근처에서 사온 야식을 먹으면서 함께 공부하던 그때가 마치 엊그제처럼 생생하다. 매너리즘이나 나태해지려는 마음이 생기려고 할 때마다 그때의 열정적이던 우리들의 모습을 다시 떠올려본다. 무미건조하지 않고 다이나믹한 커리어의 반전 드라마를 꿈꾸던 그때의 우리들을.

4장

나만의 커리어 기둥을 세워라

일 그리고
공부

직장인이 대학원에 꼭 가야 할 필요가 있을까?

교육이나 학업 성취를 중요시하는 문화를 가진 아시안 동료들(특히 중국과 인도 출신)은 '일을 하면 대학원에 가야 할까?'라는 질문에 대해 많이 고민하는 것 같다. 예전에 같은 부서에 있던 인도인 동료는 인도에서 생물학과를 졸업했는데 싱가포르의 금융기관에서 근무하다 보니 업무에 도움이 될까 싶어 금융 관련 대학원에 진학하고 싶다는 생각이 들었다고 한다.

직장 10년 차에 MBA를 다녀온 나의 경험을 늘

흥미롭게 들었던 그녀는 어느 날 고민 상담을 요청했다. GMAT 고득점을 이미 갖고 있었고, 커리어 업그레이드를 위해 대학원에 진학하고 싶은데, 비싼 학비 때문에 고민이 되어 주변의 조언을 구했다가 대부분의 주변 사람들이 이런 피드백을 주었다고 했다.

"거길 뭐 하러 가? 실무경험이 더 중요하지."

쓸데없는 돈 낭비하지 말라고 하는 조언을 많이 듣는데 그럴 때마다 정말 대학원에 대한 열망이 부질없는 미련인지 고민이 된다고 했다. 그리고 상대적으로 늦은 나이에 대학원에 진학한 나의 의견이 궁금하다고 했다.

일을 하며 공부를 병행하는 것, 특히 대학원을 다니는 건 시간과 비용이 만만치 않게 투자되는 일이라 쉽사리 결정하기 어려운 게 당연하다. 물론 실무경험이 중요하다는 말도 틀린 말은 아니다. ROI Return on Investment 즉, 투자대비수익률을 고려해야 한다는 말은 나 또한 귀에 못이 박히도록 들었던 반응이었다. 대학원을 가다니 네가 돈이 많구나, 배가 불렀구나, 요즘에 누가 MBA를 쳐주냐, 현실을 제대로

보라고 하는 반응도 들어보았다.

'MBA에 가는 것이 과연 현명한 선택인가'라는 고민을 장장 10년간 해왔다. 오래 걸렸던 이유는 나 역시 대학원에 가고 싶단 생각이 들 때마다 주변의 부정적인 반응에 움츠러들었기 때문이다. 커리어 업그레이드의 목적으로 선택하기엔 많은 시간과 비용의 투자를 요구하는 일이었기에 망설여졌다. 그러다가도 매년 대학원 설명회가 열릴 때면 '등록하기' 버튼에 나도 모르게 저절로 손이 갔고, 설레는 마음으로 많은 학교들의 브로슈어를 잔뜩 받아와서 올해는 꼭 도전해야겠다는 자극을 받았다. 하지만 만만치 않은 비용, 그리고 여유시간 부족, 게다가 주변의 부정적인 반응들까지 쌓이다 보니 다시 대학원에 대한 꿈을 슬그머니 마음속에 꾹꾹 묻어두고 애써 외면하려고 했다.

결심과 포기를 반복하며 시간만 흘려보내던 중, 결국엔 마음을 먹게 된 결정적 계기는 바로 '출산'이었다. 시간적 여유는 더욱 없어지고, 점점 나를 잃어가고 있는 듯한 느낌과 지금 하지 않으면 앞으로 더

더욱 할 기회가 없어지겠다는 생각이 머릿속을 가득 채우기 시작했다.

하지만 대학원 입학은 그냥 하고 싶다고 아무 때나 덜컥 하는 것도 아니었고 지원하기 위해서 GMAT와 토플시험을 준비해야 했다. 공부에는 때가 있다던데 왜 이제야 선택해서 이 고생을 하는가, 하는 생각이 들 때도 있었지만, 당시 내가 해야 할 것은 또 다른 후회로 시간을 낭비하는 것이 아니라 바로 지금, 그냥 하는 것이었다.

시간을 쪼개서 공부한 끝에 결국 학교 두 곳에서 합격증을 받았다. 그리고 장학금 대상자가 되었다는 소식을 듣게 되었을 때, 말 그대로 10년 묵은 체증이 사라지는 듯했다. 나를 알던 친한 친구들은 드디어 한을 풀었구나, 라고 했다.

대학원 진학에 대한 견해는 개인차가 있겠지만, 지극히 개인적인 경험을 나눠보자면 결과적으로 나는 전혀 후회하지 않는다. 오히려 왜 더 빨리 결정을 못했을까라는 생각이 든다. MBA에서 필수적으로 다루는 것들을 2~3년 차 정도에 배우게 된다면 후에 연봉 상승이라든지, 아니면 업종 전환에 매우 유리하겠다는 생각이 들었기 때문이다. 나에 대한 투자는 가장 좋은 타이밍에 하는 게 좋겠지만 언제라도 늦지 않다고 생각한다. 일에 직접적인 도움이 되는 것뿐만 아니라 새로운 필드에서 만나는 새로운 사람들이 또 다른 자극이 되어 개인적인 성장을 할수도 있으니 말이다.

　고민하던 인도 동료에게, 주변의 반응은 그다지 중요한 것이 아니라고 얘기했다. 어차피 주변 사람들이 나의 인생을 대신 살아주는 것도 아니고 정말 가고 싶다는 생각이 계속해서 드는 거라면 일단 도전하는 게 후회나 미련이 남지 않는 것 같다고 말했다. 적지 않은 학비의 부담이 있긴 하지만, 돈 벌면서 공부하면 되고, 본인의 의지만 있다면 잠을 줄여서든, 어떻게든 방법은 찾게 되어 있다. 어차피 완벽하게 준비가 된 순간은 절대 오지 않는다.

　대학원에 진학하려고 고민하거나 일 외에 다른 것들을 배워보려는 사람들이 있다면 하고 싶은 이유에 대해서 스스로와의 대화를 통해 진지하게 고민하되 주변의 부정적인 반응에 주춤하진 않았으면 좋겠다. 어차피 주변 사람들은 나의 삶에 관심이 없다. 그리고 학비에 대한 부분 역시 고민될 수 있겠지만 비용은 시간을 지체하면 할수록 마치 물가상승률처럼 점점 더 오른다. 10년 전 알아봤던 것에 비해 현재 학비가 훨씬 더 올라가 있던 것을 보고, 차라리 그냥 그때 했었으면 좀 더 절약할 수 있었는데, 라는 아쉬움에 나는 속이 많이(?) 쓰렸던 것 같다.

일단 시작하자. 대학원 졸업 후 결과까지 미리 끌어와서 고민하는 건 아무런 의미가 없다. 가장 중요한 건 지금 이 순간 할 수 있는 한 걸음이다.

잊지 말자. 돈은 벌면 되지만, 시간은 돌이킬 수 없다.

직장 다니면서
MBA 준비하는 비결

MBA를 도전하고자 마음먹고 난 이후 가장 큰 장벽은 이름하여 GMAT 시험이었다.

경영대학원에 진학하고자 하는 직장인들 중에 GMAT의 장벽에 가로막혀 바로 여기에서 포기하는 사람도 많다. 요즘에는 지원자 수가 줄어서 GRE(미국 대학원 진학 시험) 점수도 대신 받아주거나 아니면 심지어 아예 필요가 없다는 학교도 있었지만 웬만큼 괜찮은 수준의 학교들은 대부분 GMAT 성적을 요구했다.

내가 지원하고자 했던 학교들을 추려서 지원 일

정을 살펴보니 파트타임 과정은 그래도 시간적 여유가 있었다. 설명회 때 만났던 입학 담당자는 나의 지원서를 보더니 이 정도 경력이면 충분히 가능성이 있으니 얼른 GMAT 점수부터 만들어두라고 했다. 단기간으로 준비하면 된다고. 그리고 영어권이 아닌 곳의 학사학위를 갖고 있는 경우엔 토플이나 아이엘츠 점수를 요구했다.

미루지 말고 항상 생각만 하는 건 이제 그만해야겠다는 생각으로 시험 등록을 먼저 하기로 했다. 예전에 잠시 관심이 있었던 CFA 시험보단 등록비가 저렴했으나 그렇다고 아주 싼 가격도 아니었다. 비용을 지불했으니 돈이 아깝지 않기 위해서라도 준비를 제대로 해야겠다는 생각이 들었다.

대학원 설명회에 갔을 때 홍보부스에서 받아온 수많은 전단지 사이에 끼어 있던 GMAT 학원에 연락을 했다. 퇴근 후 집으로 향하는 대신 학원으로 일단 방문해보기로 했다. 알고 보니 회사에서 멀지 않은 근처였다. 강사들은 대부분 미국인이었는데 거의 미국이나 유럽의 명문 MBA 출신이었다. 7시 조금 전에 오면 실력 확인 진단 테스트를 할 수 있다기에 서둘러 일을 마무리한 후 들러보기로 했다. 미국식 억양을 가진 동양인 남자가 나에게 시험지를 주면서 책상과 의자가 겨우 들어가는 매우 작은 독방으로 안내했다.

나의 첫 GMAT 모의시험이었다. 언어영역은 지문을 2~3번 읽고 나서도 긴가민가한 부분이 많았고, 수학은 용어가 뭔지 하나도 몰라서 까만 건 글자요 하얀 건 종이인가 하는 막막함이 몰려왔다. 도대체 이렇게 모르는 게 많다니, 나는 바보인가라는 생각마저 들었다. 막판에는 거의 다 찍고 나와야 했다. 스스로가 너무 한심했고 대학원을 가고 싶다고 어렵게 한 결심에 비해 현실은 마냥 초라하고 부끄럽게 느껴졌다. 아니 이런 실력으로 무슨 MBA? '영어 공부나 열심히 해'라는 말이 들리는 듯했다.

뭉개진 희망이 가시지 않은 며칠 동안 포기해버릴까 생각이 들었다. 아무도 나에게 강요한 적 없는데, 굳이 뭐 하러 시험 준비를 해야 하나. 못난 자기합리화도 슬슬 고개를 들었다. 하지만 이런 시험 때문에 10년간 해온 고민을 단숨에 구겨버릴 수 없었다. 결국 학창 시절 나의 공부 스타일대로 직접 부딪혀보기로 했다. 오프라인 학원보다 인터넷 강의가 시간을 활용하기에 적합할 것 같아 온라인 단기강좌에 등록했다. 1분 1초가 아까운 워킹맘에게는 최적의 환경을 만드는 게 중요했다. 문제집을 배송 받아 하루에 풀어야 할 양을 정해 꾸준히 풀기 시작했다. 평일에는 퇴근 후 아이를 재우고 나서야 비로소 공부를 시작할 수 있었는데 아기가 잠을 안 자면 언제 저 문제들을 다 풀지 하는 생각에 마음이 조급해지기도 했다. 한 손으로는 문제집을, 다른 한 손으론 아기를 토닥토닥 재우다가 같이 잠들기도 했다. 아기가 겨우 잠들고 나면 밤 10~11시쯤이었는데 그때부터 공부하려고 책상에 앉으면 온몸에 기운도 없고 잠이 미친 듯이 쏟아졌다. 비타민, 홍삼엑기스를 챙겨 먹고, 커피를 들이붓고 졸음을 쫓아내려고 안간힘을 썼다.

틈새시간을 활용해서 출퇴근길에는 인강을 보고, 점심시간에도 밥을 간단히 해결하고 회사 근처 카페에 앉아서 문제집을 풀었다. 주말은 되도록이면 아이를 시부모님께 맡기고 도서관에 앉아 부족한 공부를 채워보려고 했다. 하지만 그때마다 한창 예쁘게 크고 있는 아기를 두고 나와서 책을 잡고 있자니 마음 한편이 늘 불편했다. 하지만 후회해서 무엇하나. 이미 일은 시작되었으니 내가 할 수 있는 최선을 다하는 게 내 모든 선택을 옳게 만드는 것이다.

그런 생활을 몇 개월간 했고, 드디어 GMAT 시험을 보았다. 시험 점수는 다행스럽게도 내가 원하는 대학원의 평균 점수 정도로 나왔다. 아직 기뻐하긴 일렀다. 나는 다음 단계, 에세이 준비에 돌입했다. 시험 준비보단 에세이 준비가 훨씬 수월했던 것 같다. 10년 넘게 한 업종에서 직장생활을 하면서 그동안의 커리어를 정리하는 겸 MBA를 하면서 레버리지할 수 있는 포인트를 찾고 싶기도 했고 인생을 길게 보면서 어떤 방향으로 살고 싶은지 깊게 생각해볼 수 있는 계기도 되었다.

결국 나는 원하던 학교 두 곳에서 합격 소식을 들었다.

생계형 워킹맘의
장학금 도전하기

회사를 다니면서 MBA를 다녀왔다고 하면 어떻게 시간을 쪼개 공부를 했는지만큼 학비나 장학금에 대해 궁금해하는 사람들이 많다. 매우 현실적인 문제이고 굉장히 중요한 부분이라 생각해 이야기를 해보려고 한다. 나의 경험이 조금이라도 도움이 된다면 좋겠다.

내가 학교를 알아볼 때도 필수적으로 확인했던 부분 역시 비용이었다. 나는 MBA 파트타임을 이수했는데, 이런 결정을 한 가장 큰 이유는 직장을 그만두기 어려워서였다. 고정비용이 계속해서 필요한 와중에 아무리 단기 1년 과정이라고 하더라도 월급 없는 학생의 신분으로 돌아가는 건 쉽지 않았다.

해외에서 일을 시작하고 돈을 정말 아끼며 살았는데 그 이유는 대학원에 가고 싶었기 때문이다. 당시 나의 또래 친구들 중 몇명은 이미 MBA 과정에 합격을 했었는데 꿈을 향해 비상하는 친구의 모습이 부러웠다. 유명한 미국 MBA는 억대라던데, 현실적으로 불가능하다고 생각했고 싱가포르 내의 학교를 가야겠다고 생각했다. 하지만 목표로 했던 MBA 과정은 아무리 싱가포르라도 학비가 만만치 않았다. 비싼 물가에 생활비를 최대한 아껴서, 대신 내가 스스로 벌어서 꼭 다시 학교로 가고 싶었다.

집세도 최대한 아끼려고 했고 식비도 절약하기 위해 웬만하면 집에서 먹으려고 했는데 주방 쓰기가 눈치 보여서 되도록이면 방에서 간단하게 해결을 했다. 가끔 초라한 밥상을 보고 있노라면 문득 서글퍼지기도 하고, 나도 방 한 칸에서 벗어나 다른 친구들처럼 편하게 집 전체를 렌트해서 마음껏 주방에서 요리를 해먹고 싶었다. 그렇게 문득 작아지는 생각이 들 때면 퇴근 후, 가고 싶었던 대학 캠퍼스를 구경하러 갔다. 비록 피곤에 절은 직장인 차림이었지만 캠퍼스를 걷고 있노라면 다시 학생이 된 듯 설레는 마음이었고, 언젠가는 나도 꼭 다시 학생으로 돌아오리라고 다짐했다.

그리고 결국 내 힘으로 대학원에 진학할 수 있었다. (고민하느라 좀 걸리긴 했지만.) 아무런 대출 없이 나 스스로의 힘으로 절약해서 마련한 너무나 뿌듯했던 학자금이었다. 그때 누군가가 나에게 이런 말을 했었다.

"MBA는 돈만 있으면 아무나 가는 데 아니야?"

학비가 비싸 돈이 많이 필요한 건 맞는데, 그 돈을 마련하기 위해 나름 열심히 살았던 시간들이 '아무나'라는 가벼운 단어로 표현될 그저 그런 노력은 아니다. 학생으로 돌아가는 길은 참 어려웠다. 누리고 싶은걸 다 누리면서 갈 수 있는 쉬운 길이 아니라, 최대한 생활비를 절약하면서 학비를 마련했고, 퇴근 후 졸리고 피곤한 눈을 비벼가면서 GMAT 책을 붙잡고 있었던 시간들이었다.

학비 때문에 망설일 때마다, 교육은 미래를 위한

투자라는 차원에서 충분히 가치가 있는 거라고 그렇게 스스로를 설득했지만 솔직히 돈이 없으면 시도하는 의미 자체가 없다고 생각했었다. MBA는 더군다나 유난히 다른 과정에 비해 학비 부담이 큰 만큼 투자대비수익에 민감하기에, 투자하는 결정부터 신중해야 했고, 그냥 어떻게든 되겠지라고 막연하게 생각할 수 없었다.

일단 MBA를 준비하고 있다면 회사에서 학비를 지원해주는 프로그램이 있는지 확인해보길 바란다. 단, 회사의 스폰서십을 활용하면 졸업 후 몇 년간 회사에 재직해야 하는 조건이 있는 경우가 많다. 동기 중에는 회사에서 스폰서를 준다고 했지만, 졸업 후 몇 년간 회사에 재직해야 하는 조건 때문에 이직이 목표였던 그는 비록 자격이 되었음에도 불구하고 스폰서를 포기하고 자비로 학비를 낸 경우도 있었다.

그리고 학교마다 마련된 장학금 종류와 제도를 꼼꼼하게 살펴보면 좋다. 싱가포르 대학원들 과정을 보면 우먼 인 비즈니스, 아세안 출신 학생들, 외부 단체에서 주는 장학금 등 학교마다 다르지만, 대체적으로 보면 학부 때의 GPA 성적, GMAT 성적, 그리고 에세이를 고려한다. 이미 숫자로 증명되어 지나가버린 GPA, GMAT 점수는 그렇다 치더라도 제일 나를 차별화할 수 있는 건 다름 아닌 에세이였다.

에세이 질문도 학교마다 다르겠지만 보통 왜 다른 사람이 아닌 내가 장학금을 받아야 하는지, 그리고 졸업 후 어떻게 기여할 수 있을지, 이제까지의 경력을 포스트 MBA 커리어와 연결 짓는 이야기를 논리적으로 서술해야 한다. 예전 직장동료였던 친구가 파트타임 과정 석사를 지원했을 때 비슷한 질문으로 된 장학금 신청 에세이를 써서 점심시간 때 함께 연구하면서 나름 피드백을 줬는데, 무사히 장학금을 받아서 뿌듯했던 기억이 난다.

유럽 학교에 진학했던 친구는 외부에서 주는 장학금인 'Forte MBA Fellowship' 프로그램이라고 미국이나 유럽 지역 출신의 참여 학교들에 진학하는 여학생을 대상으로 하는 프로그램에 지원했었다. 싱가포르는 아니지만 혹시라도 미국이나 유럽 쪽 학교를 생각한다면 참고해볼 만하다.

풀타임 과정의 장학금 제도는 파트타임에 비해 상대적으로 다양하게 마련되어 있다. 아무래도 풀타임이다 보니 직장과의 병행이 어려워서 그런 것 같기도 하다. 그렇다고 해서 파트타임 학생이 장학금을 아예 받을 수 없는 건 아니다. 회사 스폰서를 받는 학생들은 비용에 대한 부담이 덜하지만 나처럼 자비유학을 하는 학생들에겐 안 그래도 MBA는 비싼 학비인데, 조금이나마 장학금을 받을 수 있다면 많은 도움이 되니까 최대한 많은 정보를 수집해, 자신에게 맞는 기회를 꼭 잡길 바란다.

명함에서
회사 이름을 지운다면

MBA를 하러 오는 사람들은 대부분 커리어 성장에 욕심이 있고 삶에 대한 열정과 목표를 이루려는 의지력이 대단하다. 그렇지 않다면 굳이 시간과 비용을 들여 고생할 필요가 없을 것이다. 동기들과 마찬가지로 나 역시 커리어에 대한 열정이 많았고, 같은 루틴을 반복하기보다는 이번을 계기로 획기적인 변화를 맞이하고 싶었다. 적지 않은 시간과 비용을 들인 후, 커리어에서 얼마나 의미 있는 변화를 이뤄냈는지 궁금했다. 결국 장기적으로 커리어 발전을 위한 도구이자 수단으로서 MBA 고민을 하게 되니까 말이다.

MBA 수업들 중 나는 커리어 개발 관련 수업에 유난히 관심이 많았다. 포스트 MBA에 대한 진로가 특히 궁금했는데 졸업 후 다양한 분야에서 일하던 선배들의 성공 케이스를 들을 때마다 나도 어쩌면 그런 멋진 스토리의 주인공이 될 수 있지 않을까 하는 막연한 기대감도 들었다.

MBA 이후 업종을 완전히 바꾼 케이스는 파트타임보다는 풀타임 프로그램에서 많았다. 인턴십 기회도 다양했다. 반면 파트타임에서는 이미 직장을 다니고 있는 사람들이 대부분이기에 업종 변경보다는, 기존의 포지션에서 승진이나, 아니면 사업을 하는 경우 네트워킹을 만들려는 목적이 더 컸다.

호기심이 많은 성격이었던 나는 비록 파트타임이었지만, 사실 기존 포지션에 남기보다는 다른 선택지들의 옵션들이 궁금했다. 당시 MBA 학생들을 상담해주는 커리어 센터가 있었는데, 이력서를 제출하고 따로 상담을 예약하면 커리어 컨설턴트와 미팅을 할 수 있었다.

"이미 금융권 경력이 10년 이상 있으시군요."

나의 이력서를 보더니 내 배경에 대해 흥미로운 표정을 지으며, 새로운 분야로 업종 변경을 하게 될 경우의 장단점을 이야기해줬다. 이미 오랜 경력이 있기에, 새로운 업종으로 변경하는 것이 아예 불가능하지는 않지만 처음부터 시작해야 하기 때문에 연봉이 많이 깎이는 걸 감수해야 하고 새로운 업무가 기대와 맞지 않을 수도 있음을 알려주었다. 그래도 정 업종을 바꾸고 싶다면, 나에게 좋은 방법이 있다고 했다.

"혹시 사업을 해보는 건 어때요? 충분히 할 수 있을 것 같은데."

나는 그때까지만 해도 '사업'이라는 걸 졸업 후 커리어 옵션으로 생각해본 적이 없었다. 아주 먼 훗날이라면 모를까, 지금 당장은 무리인 것 같았다. 왠지 사업이란 모험심이 크고 배짱 있고 능력 있는 사람들이 충분한 자본력을 갖추고 시작하는 것이므로, 현재의 나는 감히 시도해 볼 수 없는 다른 세계의 일이라고만 생각했다.

"꼭 그렇게 거창한 사업으로 시작하지 않아도 돼

요. 작은 사이드 프로젝트부터 시도해보는 것이죠."

그는 사업 같은 부업으로 본인의 퍼스널 브랜드를 차근차근 쌓아보라고 권유했다. 어차피 우리는 훗날 언젠가는 회사에서 나와야 할 날을 맞이하게 될 것이고, 한 살이라도 어릴 때 시도하는 것이 혹시 실패를 하더라도 타격이 덜하다는 것이었다. 어차피 MBA도 사업을 경영할 인재를 양성하는 프로그램이기에, 지금 배운 내용들을 발판 삼아 작더라도 본인만의 사업(이라고 쓰고 프로젝트라고 부르는)을 시작하는 것이 제일 좋은 방법인 것 같다고 했다.

커리어 컨설팅 후, 집에 돌아오는 버스 안에서 창밖을 바라보면서 여러 가지 생각들이 스쳐갔다. 여전히 사업을 하기에는 쫄보인 나는 리스크를 감수하기보다는 안정성을 추구하는 성격이라는 것도 새삼 깨닫게 되었다. 그렇지만 언젠가 회사로부터 독립해야 할 그날을 위해 나만이 할 수 있는 무엇인가가 필요하단 생각이 머릿속을 떠나지 않았다.

회사는 없어져도 '나'는 지속가능해야 하지 않을까?

함께 가야
멀리 간다

얼마 전 해외취업 관련해서 1 대 1 멘토링을 했다. 미국, 싱가포르, 한국 등 저마다 첫 사회 진출을 앞두고 준비하는 분들과 커리어 멘토링을 하는 시간을 갖다 보니 나의 예전 모습이 떠올랐다. 주변에서 아무도 시도하는 사람이 없었던, 싱가포르의 사회생활을 시작하면서 한국을 넘어 글로벌한 무대에서 꿈을 펼치는 모습을 꿈꾸던 나의 20대 시절, 그때는 마냥 불안하고 내가 시도하는 것이 맞는지 머릿속에 물음표가 가득했었다. 지금 돌이켜보면 그때는 그저 젊음만으로도 찬란하게 빛나던 시기라서 그렇게 불안해하지 않아도 됐는데 말이다.

처음 멘토링 제안을 받았을 때, 그저 평범한 직장인에 불과한데 누군가의 앞에서 그런 역할을 할 만한 사람인가라는 생각이 들었다. 그럼에도 불구하고 시도한 이유는 나 역시 취업을 시도하면서 느꼈던 수많은 좌절감 속에서 당시에 만났던 사회 선배가 해준 따뜻한 한마디가 굉장한 응원이 되었기 때문이다. 청년무역 인턴십을 끝낸 후에 이미 취업한 선배와 만나는 시간이었던 걸로 기억한다. 한국에서 계속되는 서류 탈락으로 자신감이 바닥을 뚫고 지하를 향해 내려가던 시기였는데, 당시 외국계 회사에 취업한 선배와 한 테이블에 앉게 되었다. 뭔가 프로다운 느낌의 선배의 표정에서 뿜어 나오는 멋진 카리스마가 마냥 부러웠다.

"이렇게나 열정이 높으신 분이니까 꼭 좋은 곳으로 취업할 수 있을 거예요."

불안과 좌절감에 쌓여 있던 당시 나를 격려해주고 따뜻한 조언을 해준 그분 덕분에 다시 시도할 용기를 얻을 수 있었다.

그리고 나는 이제 누군가를 멘토링하는 입장이 되었지만, 아직 한창 성장하는 과정이라고 생각하기에 여전히 멘티로서 멘토링 프로그램을 여전히 활용하고 있고 최근 6개월간 진행한 프로그램이 끝났다.

매번 미팅 때마다 회의 안건을 멘티가 준비해야 했는데 마지막 시간에는 감사의 인사를 전하면서 앞으로의 커리어 방향성에 대한 이야기를 나눴다. 요즘의 근황을 나누던 중 멘토가 별안간 질문 하나를 던졌다.

How ambitious are you in terms of career?
커리어에 얼마만큼의 야망이 있나요?

예전 같았으면 야망의 눈동자로 이글이글하면서 "Absolutely ambitious"(완전 야망이 넘치죠)라고 외쳤겠지만 지금은 사실 우선순위가 점점 이동하는 걸 느낀다고 했다. 야망이 사라진 건 아닌데, 그렇다고 해서 미친 듯이 성공에 굶주린 것도 아닌 애매한 상태라고 할까. 하루하루 쌓인 일들을 쳐내기 바쁠

뿐이고, 그래서 조금 지친 것 같기도 하고.

멘토는 나에게 충분히 앞으로 성장할 가능성과 잠재력이 많이 보인다고 하며, 이대로 그냥 주저앉지 말고 비록 이번 멘토십이 끝나더라도 스폰서십을 찾는 것이 중요하다고 했다. 스폰서십이란 조직에서 나의 커리어에 실질적인 도움을 줄 수 있는 높은 위치의 회사 내 인플루언서들을 의미한다고 한다. 조직 내에서 나의 목소리를 대변해줄 수 있고 보호해줄 수 있는, 실질적으로 이끌어줄 사람이어야 한다. 특히 글로벌 기업에서는 여성, 다문화, 유색인종이라는 소수계일수록 스폰서십의 역할이 중요하다고 했다. 그저 열심히 일만 한다고 저절로 승진하는 것이 아니라, 자신을 적극적으로 지지하고 커리어를 발전적으로 이끌어갈 수 있는 스폰서가 있는 것이 훨씬 유리하다고 한다.

어차피 조직이란 사람들이 일하는 곳이기에 네트워크는 중요할 수밖에 없단 생각이 들었다. 이러한 스폰서를 만나려면 일방적으로 받기만 하는 관계가 아니라 서로에게 도움이 되는 가치가 있어야 한다. 꼭 물질적으로 주고받는 것이 아니라 어떻게

든 스폰서에게 나만이 제공할 수 있는 가치가 있다면 적극적으로 어필을 하는 것이 좋다. 커리어를 조금 더 넓은 시야로 볼 수 있도록 알려준 멘토가 고마웠다.

반복되는 멘토링을 하면서 오히려 내가 배우게 된 점이 더 많았는데, 특히 코칭을 본격적으로 공부해야겠다는 생각이 강하게 들었다. 엄밀하게 말하면 코칭과 멘토링은 다르다. 코칭은 파트너로서 정답을 가르쳐주기보단, 질문을 통해 상대방의 마음 안에 이미 존재하는 해답을 찾을 수 있도록 가이드 역할을 해주는 것이지만, 멘토링은 이미 해당 분야에서 충분한 지식과 경험이 있는 입장으로서 상대방에게 조언을 해주는 역할에 무게가 더 실린다. 몇 년간 멘토링을 하면서 느꼈던 건, 사람마다 각자 고민이 다를 텐데 나의 경험이라는 렌즈만으로 모든 상황을 일반화하진 않을까, 자칫 꼰대 같은 말을 해서 공감도가 떨어지는 대화를 하진 않을까라는 우려였다. 그리고 무엇보다 멘티들의 역량이 대부분 너무 훌륭하고 뛰어났기에 함부로 나의 경험을 투영해서 해석하고 싶지 않았다.

각자 마음속에 품고 있는 씨앗이 푸른 싹을 틔우고 활짝 만개한 꽃을 피울 수 있었으면 하는 바람이다. 한국이든, 싱가포르든 앞으로 취업하게 될 장소는 중요한 것이 아닌 것 같다. 그것보다 더 중요한 건, 사회 진출로의 본격적인 시작을 앞두고 겪는 수많은 좌절감을 딛고, 그럼에도 불구하고 나를 믿고 툭툭 털고 일어나 다시 시작하는 용기를 갖는 것이 아닐까. 나의 경험담 안에서, 내가 할 수 있는 한도 내에서 누군가의 삶의 성장에 커리어든 개인적으로든 조금이나마 도움이 될 수 있다면 충분히 의미 있는 시간이었다.

나에게
던지는 질문

___

코칭을 공부하면서 질문의 기술이 중요하단 것을 배웠다. 이번 멘토링 시간에 그동안 배웠던 코치로서의 경청, 공감하는 대화의 방법을 적용해보려고 했다. 어제 만난 많은 분들이 이미 훌륭한 조건을 갖추고 있음에도 불구하고, 아직 준비가 안 된 것 같다며 걱정을 하고 있었다. 아마 일을 하고 있는 사람이라면 누구나 이런 불안감을 늘 안고 살아갈 거라 생각한다. 이럴 때 필요한 건 막연한 불안감은 어디에서 비롯되는지, 이루고 싶은 이상적인 목표는 어떤 상태인지에 대해서 조금 더 세밀하게 돌아보는 질문을 하는 것이다. 나는 멘토로서 나의 멘티들에게 질문을 했지만 그런 대상이 없다면 다이어리 혹은 아무 노트나 펼쳐서 자기 자신에게 질문을 하고 현재 나의 상태를 세세하게 들여다보고 구체화해 본다. 그러고 나면 감정은 사라지고 객관화된 '나'의 모습이 선명해진다.

코칭이란 모든 고민에 대한 답이 이미 내 안에 있고 질문을 통해서 해답을 찾아가는 방법이다. 본격적으로 공부를 하면 할수록 질문을 통해서 고객이 내면에서 답을 찾을 수 있다는 개념이 더욱 어렵게 느껴졌고 잘 와닿지 않았다. 그것보다는 객관적으로 해결책을 또렷하게 제시하는 컨설팅의 방법이 익숙하기도 했고 조금 더 효율적이지 않을까란 생각을 하고 있었다.

그러던 중 직접 코칭을 받는 기회가 있었는데 처음으로 코칭을 하면서 불안한 마음이 힐링되는 듯한 느낌이 들었다. 업종을 변경한 지 얼마 되지 않은 상황에서 막연한 불안함이 몰려올 때, 이런 마음을 어떻게 슬기롭게 다스릴 수 있을까, 근심과 불안을 잠재울 수 있는 방법에 대한 주제였다. (휴식이 중요하다는 것도 알고 있지만 아무것도 하지 않는 게 뭐라도 하는 것보다 더 불안한 마음, 쉬는 게 아닌 것 같은 마음이 있었기 때문이다.) 그중에서도 특히 기억에 나는 질문들이 몇 가지 있었는데, 이 책을 보는 독자들도 스스로에게 한번 해보면 좋을 것 같다. 질문에 내가 했던 답도 예시로 달아놓았다.

지금 나의 상황을 이미지화한다면 어떤 것이 떠오르세요?

세찬 바람이 몰아치는 위태로운 절벽 위에서 불안한 마음으로 서 있는 듯합니다. 혹시라도 절벽 아래로 떨어지는 위험에 대비해서 지금의 환경에서 내가 할 수 있는 최선의 방법을 찾아 불안을 잠재우려고 하는 중이에요. 작은 돌멩이 하나하나를 골라서 나만의 울타리를 아슬아슬하게 쌓는 듯한 이미지가 떠오릅니다.

지금 하고자 하는 일은 나에게 어떤 의미가 있나요?

업종 변경에 대한 부담이 있긴 하지만 이제까지

쌓은 커리어 경험을 토대로 기대를 뛰어넘는 성과를 보여주고 싶습니다.

가장 최악의 상황에는 무슨 일이 일어날까요?
지금까지 이뤄놓은 것들이 전부 아무것도 아닌 게 되는, 열심히 살았던 시간들이 무의미해지는 허무함이 몰려올 것 같습니다.

모든 것을 내려놓았을 때의 나는 무엇을 할 수 있을까요?
생각해보니 막상 그런 일이 실제로 닥치게 되면 잠시 좌절하긴 하겠지만, 또다시 딛고 일어날 것 같네요. 이제까지 항상 그래왔었거든요. 오히려 내려놓음으로 인해서 예전에는 보이지 않았던 것들에 대한 소중함도 느낄 수 있고 휴식을 통해 에너지를 충전하고 또 다른 기회를 찾는 힘을 얻게 될 수도 있을 것 같습니다.

내가 나에게 해주고 싶은 말은 어떤 게 있을까요?
지금까지 정말 최선을 다해서 잘해왔다. 애쓰지

않아도 된다. 불안해하지 않아도 된다. 망해도 괜찮다. 남의 기준에 나를 맞추지 않아도 된다. 내가 하고 싶은 대로 해도 된다. 나의 행복과 편안함이 우선이다.

질문에 대한 답변이 바로바로 나오지 않는 나를 보면서 그동안 나는 나를 너무 모르고 살았나 싶었다. 다행스럽게도 이 시간을 통해 내가 왜 이렇게 일을 하고, 일을 벌이고(?) 있는지 돌이켜볼 수 있었다.

호기심과 도전정신도 있지만, 그건 바로 내가 나를 사랑하기 때문이 아닐까란 생각이 들었다. 커리어를 탄탄하게 쌓으면서 자신감 넘치는 모습으로 아이들에게 멋진 엄마가 되고 싶고 무엇보다 나에게 멋진 사람이 되고 싶은 마음. 물론 마음이 커질수록 실패에 대한 두려움과 부담도 고개를 들지만 너무 완벽하게 하지 않아도 된다는 배짱을 가지고 부족하더라도 있는 그대로의 나를 그냥 인정하면 된다는 마음. 조금씩 수정해나가면 된다는 마음을 배웠다. 모두가 그런 마음으로 자기 자신을 조금 더 믿어주길 바란다. 성장을 지향하다 보면 마음이 급해지고, 조금도 나아지지 않고 제자리걸음이라는 조급함이 들 때가 당연히 있지만 스스로에게 너그러운 마음을 갖자. 기대한 것보다는 조금 느리게 가도, 혹은 이 길이 아니면 다른 방향으로 가도 충분히 괜찮다는 여유를 가질 수 있기를. 커리어를 쌓아가는 방법에는 반드시 하나의 정답만이 있는 건 아니니까 말이다.

비록 서툰
시작이더라도

매일 쌓이는 일을 쳐내느라 겨우 버티며 살던 중 문득 불안감이 몰려왔다. 성장이 없는 하루가 쌓이다 보니 매너리즘을 느끼게 되면서 이러다가 생각하는 대로 사는 게 아니라 사는 대로 생각하게 되는 게 아닌가 하는.

약간의 숨통을 위해 나도 사이드 잡을 해볼까 하는 생각을 해봤다. 사업을 하면 잘할 것 같다던 이야기도 들었기에 내가 좋아하는 게 무엇일까 생각해봤지만 이것저것 하는 건 많은데 뾰족하게 떠오르는 게 없었다. 왜냐하면 결국 금전적인 이득을 목표로 세울 것이고 또다시 생계의 굴레에 빠질 것 같다는 생각이 들어서다.

구글에서는 독특한 기업 문화 중 하나로 80 대 20 업무 정책이라는 것이 있다. 전체 업무의 80%는 회사에서 결정된 일에 투자하고 나머지 20%는 자신이 원하는 프로젝트에 시간을 쓸 수 있도록 하는 제도다. 강압적인 조직 문화라기보다는 직원 개개인의 창의력을 발휘하면서 자신이 하고 싶은 프로젝트를 할 수 있도록 시간을 투자할 수 있는 문화다. 이를 통해 우리가 많이 사용하고 있는 지메일이나 구글 어스 같은 서비스가 탄생하기도 했다. 그렇다면 사이드 프로젝트를 어떻게 접근하고 시도할 수 있을까?

배우는 것부터 시작하기

아직 하고 싶은 것이 없거나, 방향을 못 잡을 때 할 수 있는 방법으로는 바로 배우는 것이다. 오프라인 대신 유연하게 스케줄에 맞게 들을 수 있는 온라인 클래스도 많으니 비용 부담도 적고 시간도 나에게 맞게 조정할 수 있다. 또한 뉴스레터를 구독하거나 유튜브 채널, MOOC 사이트에서 많은 리소스를 볼 수 있다. 자료들이 넘쳐나는 요즘에는 배우고자 하는 의지만 있다면 무료로 얼마든지 배울 수 있는 기회가 많다. 다양한 영역에 스스로를 노출시키다 보면 의외의 발견을 할 수 있고 그 작은 씨앗이 나를 아주 멀리 데려갈 수도 있으니 일단 뭐든 배워보길 강력하게 추천한다. 사이드 잡을 갖지 않더라도 내 삶의 에피소드가 촘촘하게 쌓이면 결국 나의 일도 잘되게 마련이다.

아주 작게 시작하기

취미가 있다면 그것을 아주 작은 단위로 쪼개서 꾸준히 이어가보는 것이다. 예를 들면 블로그에 글쓰기, 그림 그리기, 사진 찍기 등을 어떤 하나의 주제를 정해 꾸준히 결과물을 공유해본다. 하루에 10~20분 정도만 투자해서 정해진 시간에 결과물을 발행해본다. 이때 생각해야 할 건 완벽하지 않아도 된다는 것이다. 우리는 본업이 작가가 아니니까 무리한 욕심은 내려놓아도 된다. 글쓰기를 할 때 타인의 시선을 의식해서 하나의 완벽한 작품을 만들려고 한다면 부담스러워서 아마 시도도 하기 어려울 테니까. 아무리 엉성하거나 부족한 콘텐츠라도 정해진 시간에 꾸준히 발행하는 약속만 지킨다면 시간의 축적이 만들어낸 나만의 결과물을 만들어갈 수 있다.

커뮤니티 시작하기

혹시 지금 고민이 되거나 앞으로 꾸준히 개발하고 싶은 주제가 있나? 영어 공부, 책 쓰기, 독서, 다이어트와 같은 주제에 대해서 나와 비슷한 흥미를 갖고 있는 주변 사람들을 모아서 그 모임을 주도하는 프로젝트를 시작해본다. 그런 모임을 시작할 때는 내가 완벽한 모습을 갖춘 리더가 될 필요 없이 다 같이 성장의 과정들을 그려나간다고 생각하면 된다. 굳이 많은 사람들을 모집하지 않아도 단 몇 명 마음 맞는 사람들과 함께 하루에 아주 짧게 인증할 수 있는 목표를 정해서 일정 기간 동안 달성하는 결과를 얻다 보면 모임의 리더로서의 경험도 되지만, 나중에 그 프로젝트가 점점 하나의 프로그램으로 진화할 가능성도 있다.

뉴노멀의 시대가 다가왔고, 일에 대한 생각도 코로나 이전에 비해 다양해졌다. 밥벌이에 대한 개념에 대해 예전보다 조금 다른 시각에서 보는 사람들이 많아졌다. 그냥 열심히 하루하루 회사 다니며 성실하게 살아가는 것도 좋지만, 점점 고용안정성이 희미해지는 현실을 보며 나만이 제공할 수 있는 가치를 회사뿐만 아니라 다른 영역에서도 표현할 수 있는 방법은 없을까도 궁금해졌다. 퇴사할 용기는 없지만, 그렇다고 평생 회사에서 안정된 직장이 보장된 것 같지도 않은, 하나의 길에 대한 확신을 갖기 어려운 분위기가 코로나 이후 더 심해진 것 같다.

비록 아직 사업할 배짱은 없지만 새로운 일에 대한 호기심이 많은 나는 사업에 대한 이야기 듣는 걸 좋아한다. 유튜브에서 내가 자주 본 알고리즘에 의해 나오는 영상들도 사업가 인터뷰들이 많다.

막대한 자본을 들이는 대단한 스케일의 사업가보다는, 작게 시작하더라도 본인만의 색깔을 뚜렷하게 갖고 있는 사람들의 이야기가 더 매력적이다. 마이크로 인플루언서로서 본인만의 확실한 퍼스널 브랜딩이 있는 사람을 보면 어떻게 저런 스토리를 갖고 자신만의 이야기로 사람들에게 영향력을 줄 수 있는 걸까란 궁금증이 생기기도 한다. 매달 월급이 나오는 직장인으로 살아왔기에 내가 겪지 못한 세계에 대한 호기심과 언젠가 나에게도 기회가 생기지 않을까 하는 기대감 때문인 것 같다.

나만의 브랜드로 세상에 없는 무엇인가를 창조한다는 것. 마치 아무것도 없는 흰 도화지에 나만의 아이디어를 스케치해나가는 것처럼 신나고 설레는 일임과 동시에 조금이라도 실수를 하게 되면 그 누구도 아닌 내가 한 일에 대한 결과이기에 부담이 되기도 하고 많이 신경이 쓰이는 일이기도 하다. 그래도 나의 일에만 선택과 집중하고 투자하는 시간이 부러운 건 여전하다.

모임에서 만난 지인이 부럽다고 연신 감탄하고 있는 나에게 이런 말을 했다.

"부러워할 필요 없어. 지금 할 수 있는 작은 시작을 일단 해봐."

'아직은' 내공이 부족해서 머뭇거리고, '아직은' 준비가 덜 된 것 같다는 내면의 목소리 때문에, 선뜻

나서기가 두려울 수 있겠지만 그렇게 주춤하는 사이, 이미 다른 사람들은 엉성하더라도 일단 시작해서 배우는 것이 많으므로 뭐라도 작게 시작해야 한다. 얼마나 빠르게 나만의 것을 만드는지의 차이가 경쟁력의 차이다.

유튜브에 도전하기로 했다는 지인은 휴대폰으로 모든 걸 다 해결한다고 했다. 브이로그 전용 카메라, 고급 편집 프로그램 따위는 필요하지 않았다고, 그냥 지금 당장 할 수 있는 것에서부터 시작했다고 한다. 그렇게 시작하면서 천천히 업그레이드하면 된다고 오히려 시행착오의 모습을 생으로 보여주는 것이 공감이 더 잘된다고 했다. 같은 상황을 다르게 바라보는 시각의 차이였다. 콘텐츠 생산자로의 도전을 앞두고, 하고 싶은 주제가 많아서 뭐부터 해야 할지 모르겠다고 하는 질문에는 아무것이나 상관없으니 일단 하나씩 시도하는 것에 의미를 두는 것이 중요하다고 했다. 지금 중요한 것은 어떤 주제인가보다는 일단 해봤는지 아닌지의 여부. 마치 글을 쓸 때 '초고는 쓰레기'라고 이야기하던 것들도 떠올랐다. 원래 시작은 다들 서툴고 엉성하니까.

사업가는 타고나는 것이 아니다. 평범한 사람들과 다를 바 없지만, 아주 작은 차이는 바로 용기 한 스푼에서 나오는 것이다. 남들의 시선보다는 나의 내면의 소리에 더 집중해, 밀져야 본전이라는 생각으로 도전하는 것이 가장 중요하다. 그렇다면 본격적으로 나만의 마이크로 프로젝트를 런칭하기 위해선 어떤 준비를 해야 할까.

세상에 제공할 수 있는 나만의 가치란?

본격적으로 프로젝트를 시작해보기 전, 내가 세상에 제공할 수 있는 서비스는 구체적으로 어떤 것이 있을지 생각해보자. 예를 들어 단돈 만 원이라고 하더라도 만약 이렇게 금전적인 대가를 받는다고 가정했을 때 부끄럽지 않고 자신 있게 제공할 수 있는 스킬이 어떤 것이 있을지 정하는 것이다. 이것저것 여러 개 할 필요 없이 하나의 키워드로 선택과 집중을 해야 한다.

벤치마크 세우기

그동안 쌓아놓은 탄탄한 콘텐츠가 없는 경우, 이

미 그 주제로 성공적으로 서비스를 제공하고 있는 사람들의 프로그램을 보고 벤치마킹해보는 것도 좋은 방법이다. 똑같이 따라 하는 것이 아니라, 그 콘텐츠의 어떤 부분이 긍정적인 반응을 이끌어내고 있는지 관찰해보고, 나만의 차별화된 스타일로 녹여내도록 연구하는 것이다.

고객층을 뾰족하게 하기

세상에 모든 사람들을 만족할 수 있는 서비스를 만들기보다는, 분명하게 니즈를 충족시킬 수 있는 확신이 드는, 내가 잘 아는 소비자층을 뾰족하게 타기팅하는 것이 더 낫다. 아무리 레드오션이라고 하더라도 분명히 틈새시장은 있기 마련이다. 이미 제공되는 서비스들이라고 생각되더라도, 고객층을 얼마나 뾰족하게 만드는지 여부에 따라 여전히 프리미엄 시장이 존재한다.

타임라인 정해보기

바쁜 회사 일에 치이다 보면 사이드 프로젝트는 항상 후순위로 밀리기 마련인데, 그렇게 하루 이틀

밀리다 보면 어느새 1년이 지나가버린다. 그렇기 때문에 목표 이외에도 데드라인을 정해서 기준을 세우고 나면 일정 기간 내로 작은 목표들을 완성해나가는 추진력을 가질 수 있다.

시장 테스팅하기 (파일럿 프로그램, 베타 서비스)

서비스를 팔기 전에 시장에서 수요가 있는지 테스트해보는 것. 본격적으로 서비스를 런칭하기 전에 프리 세일즈의 형태로 아웃라인을 그려보고 과연 이런 서비스를 제공할 가치가 있는지, 시장의 반응을 먼저 보는 것이 좋다. 이렇게 테스팅을 하게 되면 힘들게 서비스를 시작했는데 막상 구매자가 없어서 난감해지는 시행착오를 줄일 수 있고, 실제 니즈가 있는 서비스를 준비하는 것이기에 시간과 노력이라는 자원을 효율적으로 사용할 수 있다.

나만의 브랜딩을 시장에 런칭한다는 건 설레고 신나는 일이기도 하지만, 그와 동시에 아무도 가지 않은 길을 용기 있게 개척해 나가는 것에 대한 무게감과 부담감 역시 만만치 않다.

하지만 환상을 갖지 말고, 사람들이 원하는 경제적, 시간적 자유를 확보하기 위해 어떤 노력들이 필요한지 잘 살펴보길 바란다. 가장 중요한 건 작은 것이라도 일단 시도해보는 실행력이다. 아무리 전략을 많이 알고 있어도, 이론을 많이 알고 있어 봤자 안 하면 그냥 생각에만 그칠 뿐이니까.

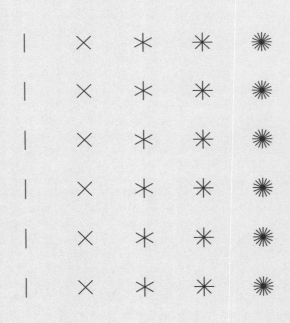

5장

커리어의 변화를 꿈꾸는 길목에서

나의 넥스트는
어떻게 정해야 할까

문득 고등학교 졸업할 때 진로상담을 했던 시간이 떠올랐다. 전공은 어떤 걸로 결정할 것이냐는 말에 교과목 중 가장 좋아하는 과목이었던 영어를 전공해야겠다고 생각했다. 그때는 거의 순도 90% 이상으로 '내가 좋아하는 것'이 선택의 기준이었다. 대학교를 다니고 졸업 시기가 다가오자 조금 더 넓은 세계를 경험하고 싶었기에 해외취업을 선택했다. (해외살이를 후회하진 않지만 결코 쉽지 않았다는 것은, 앞서 여러 번 이야기했다.) 취업을 했다고 진로에 대한 고민이 끝일까? 절대 아니다. 그리고 이 시기의 고민은 점점 더 복잡하고 무거워진다. 사회에서 일을 하고 있는 사람이라면, 그리고 어느 정도 한 분야에서 경력이 쌓인 사람이라면 더 그러할 것이다.

나는 혼자서 오랫동안 고민을 하다가 MBA를 가면서 또다시 기대감에 부풀었다. 경영대학원을 졸업하고 나면 뭔가 변화를 마주할 수 있을 것 같았다. 수많은 케이스 스터디에서 다뤘던, 내가 가보지 않고 겪어보지 못한 산업의 사례들의 이야기가 신선했다. 다른 업종에서 일하고 있는 다양한 배경의 동문들이랑 이야기를 나누면서 그동안 모르던 세계에 대해 들어볼 수 있었으니 말이다.

실제로 대학원 졸업 후에 업종 전환에 성공한 몇몇 동문들의 모습을 보면서, 그때마다 나 역시 다음의 커리어는 무엇이 될까 끊임없이 스스로에게 물었다. 지금까지 해온 일과 전혀 다른 세계에서 일해보는 것은 어떨까. 커리어를 변경하고 싶을 때 우리가 할 수 있는 일들이 무엇이 있을까. 경력이 어느 정도 쌓인 상황에서 업종 전환을 하고 싶을 때 생각해야 할 점들을 기록해본다.

온라인과 오프라인 세계에서 데이터 확보

가보지 못한 세계를 향한 호기심을 채우고, 잘 알지 못하는 분야에 대한 두려움을 극복하려면 새로 도전하고자 하는 업종에 대해 데이터를 확보해야 한다. 인턴으로 다른 업종을 미리 체험하고 알아가는 방법도 있지만, 경력이 상당히 쌓이고 난 이후엔 다시 인턴으로 시작하기가 쉽지 않다. 요즘 온라인 세계에는 정말 많은 정보들이 있는 만큼, 인터넷에 있는 이러한 정보들을 모으는 게 우선적으로 필요하다. 하지만 내가 조금 더 강조하고 싶은 건 현업에 있는 사람들과 직접 만나서 적극적인 질문을 통해 탐색해보는 태도다. 온라인에선 다루지 못한, 생생하게 살아 있는 진짜 이야기를 오프라인에서 들어보는 것이 중요한 이유는 경험하지 못한, 내가 막연하게 생각해왔던 타 업종에 대해 조금 더 자세하게 알아볼 수 있기 때문이다. 인터넷에 잘 정리된 정보 사이사이에 숨어 있는 것들이 현장에는 있다. 가끔은 내가 놓치고 있었던 부분, 예를 들면 장점이라고 생각했던 점들이 의외로 환상일 수도 있다는 것도 이러한 대화들을 통해 발견하기도 한다. 오프라인에서 만난 사람들이 또 새로운 경험으로 나를 데려갈지도 모르니, 그 유일무이한 기회를 놓치지 않았으면 좋겠다.

나의 우선 가치를 또렷하게 리스트하기

모든 직장은 장단점이 있고 100% 만족할 수 있는 곳은 굉장히 드물다. 현재 직장에서의 장단점, 그리고 새로 도전하고 싶은 일에서 해볼 수 있는 일들을 매우 자세하게 써본다. 생각에만 그치지 않고 종이에 직접 써보는 것이 생각을 정리하는 데 도움이된다. 그다음 내가 중요하게 여기는 가치의 우선순위를 파악해본다. 직업에서 절대 포기할 수 없는 가치들, 이를테면 성장, 연봉, 직급, 보람, 사회적 기여 등 여러 가지 키워드들을 현재 직장, 그리고 앞으로 변경하고 싶은 새로운 포지션의 장점과 연결해본다. 여기서 반복되는 키워드들이 앞으로 커리어를 선택하는 데 나의 우선 가치인 경우가 많다. 그래야 전혀 새로운 필드로 가더라도 물리적인 일의 형태가 바뀌더라도, 내가 하는 일의 본질과 가치를 놓치지 않고 시작할 수 있다.

현실도피가 아닌지 냉정히 생각해보기

내가 원하는 가치를 꼭 현재 직장을 떠나야지만 실현 가능한지 냉정하게 검토해본다. 현재 직장에서 시도해볼 수 있는 일이 아닌지 탐색하고 감정적으로 충동적인 변화를 꿈꾸는 것이 아닌지 스스로에게 솔직하게 되물어본다. 특히 책임져야 할 식구들이 있는 경우, 커리어 변경은 심사숙고하게 되는 것 같다. 혹시 현실도피로 이직을 하려는 것이 아닌지, 굳이 지금 있는 곳을 떠나야만 하는지, 이제까지 해온 경험을 활용해서 도전할 수 있는 건 없을지, 여러 가지 가능성을 고려해보고 신중하게 결정하는 것이 필요하다. 왜냐하면 100% 완벽한 곳은 존재하기 어렵기 때문이다. 어느 곳을 가더라도 그곳 나름의 고충이 있다. 그리고 이제까지 쌓아온 커리어 역시 나만의 내공이며 충분히 큰 가치가 있다는 것을 잊지 않았으면 좋겠다. 다른 분야로 변경을 하더라도 지금까지의 시간들을 전부 지우고 완전 새로 재부팅하지 않아도 된다. 현재를 부정할 필요 없이, 있는 그대로의 내 모습에서 이미 있는 장점을 분석해보고, 조금씩 피보팅 해나가면 되니까.

삽질들을 의심하지 말기

본업에 영향을 주지 않는 한, 지금 하고 있는 일 외적인 활동들에 도전해보는 것도 방법이다. 기회는 언제 어떻게 올지 모르기 때문이다. 호기심으로 인해 시작한 활동들을 계속해서 하는 것이 과연 무슨 의미가 있을까 의심이 될지도 모른다. 하지만 겉으로 보기에 전혀 연관 없어 보이고 다양해 보이는 활동들도 자세히 본질을 들여다보면 내가 이루고 싶은 가치의 키워드랑 연결되고 결이 비슷한 경우가 많다. 또한 다른 일들에 소소하게 도전함으로써 생각과는 다른 면을 발견할 수도 있다. 커리어를 변경해보려고 도전해본 일을 통해, 오히려 역으로 현재 하고 있는 일에 감사함과 만족감을 느끼는 경우도 있다. 고민에만 그치지 않고 감당할 수 있는 수준에서 조금씩 도전을 넓혀가는 것도 앞으로의 선택에 도움이 된다.

나의 시선에서 바라보는
나다움 찾기

새로운 업무 환경에서 새로운 일에 적응할 수 있었던 데에는 함께 일하는 나의 동료들 덕이 컸다. 나의 동료들은 다양한 백그라운드 출신들이 많은데, 내가 미처 생각하지 못했던 부분에 대한 의견을 주며 새로운 시각으로 문제를 해결하는 법을 보여주는 게 신선했다. 바로 이 지점이 나의 성장점을 계속 자극해주는 것 같다. 당장 눈앞의 일을 해결하는 것에서 그치지 않고 우리가 함께하는 일의 가치, 그리고 각자 의미하는 일의 가치를 서로 끊임없이 확인하고 주고받으니 동기부여가 되는 게 당연하지 않

을까.

　나와 같은 팀에 있는 동료 중 한 명 역시 유명 글로벌 회사 출신이다. 회사 브랜드, 베네핏, 연봉 전부 업계 상위 수준인 곳에서 어쩌면 모험이라고 할 수도 있을 스타트업 환경으로 이직한 이유가 궁금하다고 하자 그는 예전 일이 재미가 없었다고 했다.

　그가 몸담았던 곳은 회사 브랜드만으로도 자동적으로 매출이 발생하는 곳이기 때문에, (그가 느끼기에는) 굳이 조직 구성원이 특별한 노력을 투자하지 않아도 되는 곳이었다. 편하고 안정적이라는 장점은 있겠지만 일에 대한 '자극'을 받기 어려웠다는 아쉬운 점이 있었던 곳이다. 별다른 노력을 하지 않아도 대우도 좋고 보상도 잘 나오기에 은퇴 시점에 다니기엔 정말 나무랄 데가 없겠지만 한창 자신의 커리어를 업그레이드하고 싶은 의지가 강한 사람이라면 여러 가지 고민을 갖게 할 수밖에 없는 환경일 거라 짐작해본다.

　그에 비해 이 분야는 아직 새로운 개념이라 체계가 안 잡혀 있고 혼란스럽긴 하지만 그래도 내가 한 만큼의 결과를 바로 느낄 수 있는 곳 같아서 그 부분이 흥미롭다고 했다. 더 잘하고 싶은 동기부여를 원하고, 세상의 흐름을 남들보다 앞서서, 최전선에서 부딪혀볼 수 있는 경험. 자신이 원하는 것이 무엇인지 정확하게 알고 자기만의 기준으로 일을 바라보는 동료 모습이 멋지다는 생각이 들었다.

새로운 회사에 출근하고 눈 깜짝할 사이에 일주일이 지나가버렸던 것 같다. 새로운 곳에서 수많은 첫 순간들을 맞이하고 처음 보는 사람들과의 미팅, 새로운 업무들과 마주하면서 완전 신입의 마음으로 하루하루 보내던 중 나처럼 금융업에 있다가 업종을 바꾼 친구를 멘토로부터 소개받아서 알게 되었다.

유명 투자 은행에서 세일즈 일을 하다가 핀테크 업계로 스카우트를 받아서 간 친구였다. 지금은 업계에서 유명인이 되어 세미나에 스피커나 모더레이터로도 굉장히 활발하게 활동 중이었다. 업종 변경을 앞두고 한창 고민 중이었을 때 비슷한 백그라운드로 금융계 출신 친구였기에 공감 가는 이야기를 해주어서 참 고마웠다. 워낙 바쁜 스케줄로 인해 계속 통화만 하다가 처음으로 드디어 고마운 마음에

식사 대접을 할 겸 점심을 먹게 되었다.

새로운 회사 이야기를 하다가, 앞으로 함께하게 될 팀 사람들의 프로필을 듣고 어마어마한 경력에 살짝 압도되는 느낌이 들었다고 그에게 털어놨다. 물론 백그라운드가 회사 일을 하는 데 결정적이진 않지만 그래도 대단한 사람들과 함께하게 돼서 솔직히 긴장도 된다고 했다. 내가 내세울 수 있는 경력은 15년간 열심히 업계에서 일한 '성실'뿐인 것 같은데 과연 잘 해낼 수 있을까라고 하자, 그가 갑자기 한껏 진지한 목소리로 말했다.

"내가 아닌 다른 사람이 될 필요 없어. 나는 그냥 나 자체만으로도 이미 충분히 매력적인 사람이야."

우리는 각자 갖고 있는 매력과 장점이 다르기에 다른 사람을 바라보며 굳이 비교할 필요 없다고 했다. 우린 각자 갖고 있는 장점이 다르다. 그가 마켓 세미나에서 여러 사람들 앞에서도 항상 자신감을 잃지 않고 이야기할 수 있고, 전혀 주눅 들지 않는 이유도 역시 다른 사람이 되려고 억지로 꾸미지 않고, 그냥 내 자체의 모습을 그대로 보여줄 수 있는 솔직함에서 비롯된 것이었다. 나를 부정하고 바꾸려고 하기보다 있는 그대로의 나 자신을 받아들이고 인정할 때, 긍정적인 마음을 바탕으로 비로소 자신감 있고 건강하게 성장할 수 있다.

당시 나는 자신감이라는 키워드를 갖기가 예전보다 어려웠다. 새로운 분야에 대해 누적된 지식이 부족하다는 두려움과 가지 않은 길에 대한 호기심이 섞인 채 뭐든지 할 수 있다는 패기보다는, 조금 더 신중해지고 싶고 조심스러웠는데 그것이 점점 커져서 나도 모르는 사이에 자신감 하락으로 이어진 것 같다. 하지만 나만의 매력과 가치에 대한 믿음을 갖고 나만의 스타일로서 도전해도 된다는 그의 말이 인상적이었다.

잘 아는 세계를 벗어나서 낯선 분야에서 완전히 초보자가 된다는 것은 생각보다 많은 용기를 필요로 한다. 각오는 하고 있었지만 새로 적응해야 하는 문화들도 여전히 익숙지 않은 가운데 예전의 경험들도 떠오른다. 회의시간에 모르는 내용들이 난무하다가 나는 누구, 여긴 어디라는 곳까지 생각이 닿으면 얼른 이 많은 정보들을 재빨리 흡수하고 싶다는 조급함도 느껴진다. 짧은 시간에 예전이라면 전혀 상상할 수 없었던 다양한 분야의 사람들과 만나고 미팅을 하고 나니 세상의 흐름이 생각보다 빨리 일어나고 있다는 사실이 피부로 와닿는다.

새로운 도전 앞에서는 누구나 거쳐야 할 시간이 바로 '초보자'라는 시간이다. 시작을 안 했다면 경험조차 못하고 놓쳐버렸을 '초보의 시간' 말이다. 어설프기 짝이 없는 모습이지만 나에게 이 시작이 의미 있는 이유는, 세상의 변화라는 무대에서 구경꾼이 아니라 작은 역할이라도 해볼 수 있는 기회가 주어졌기 때문이다. 외면해버렸으면 결국 세상의 흐름을 그저 구경만 하고 그때 한번 해볼걸, 하고 미련을 안고 제자리에서 아쉬워하고 있었을지도 모른다. 그러니까 지금 비록 초보라고 해도 불안해하지 않아도 된다. 조금 서툴러도 일단 시작한 용기만으로도 당신은 충분히 매력적이고 멋진 사람이다.

익숙한 울타리에서 벗어나 무모해 보일지 모르지만 언제든 초보자로 돌아갈 수 있는 도전정신을 가지고, 배움을 멈추거나 낯선 환경을 피하지 않고 끊임없이 성장하려는 모습을 갖길 바란다. 하루에

하나씩만이라도 알아가면 충분하다. 자신감이 희미
해질 때마다 내가 되고 싶은 나다움을 잊지 않을 수
있도록 스스로를 다독여주자.

서른부터 기회가 주어지는
사람들의 특징

"혹시…?"

이직을 한 이후에 참여했던 세미나에서 낯익은 얼굴을 마주쳤다. 바로 나의 첫 직장 동료 J였다. 그 역시 금융계에서 테크 업계로 커리어를 바꾼 지 얼마 되지 않았다고 했다. 불과 몇 개월 전에 이직한 그였지만 먼저 경험해본 선배로서 그는 여러 가지 도움이 되는 이야기를 해주었다.

세상은 참 좁다. 안 그래도 좁은 도시국가인 싱가포르에서 그것도 한 산업군에서는 서로가 서로를 아는 경우도 많고, 이직을 하더라도 결국에 어딘가에서 다시 만나게 되기 쉽다. 그렇기 때문에 퇴사를 하더라도 항상 마무리를 잘하고 끝까지 책임감을 다하고 좋은 인상을 주고 떠나는 것이 필요하다. 업종을 바꿨는데도 예전에 함께 일하던 동료와 이렇게 마주하게 된 걸 보면 세상일은 어떻게 될지 아무도 모르는 것 같다.

거의 10년 만에 만난 터라 그동안 있었던 일들을 이야기했다. 그렇게 서로의 근황을 나누면서 세상이 정말 좁다고도 느꼈지만 그동안 우리가 일하는 세상이 정말 많이 변했다는 것에도 공감했다. 그는 새로운 업계인 핀테크의 속도도 빠르고 정신없이 흘러가서 따라가는 것만으로도 바쁘지만, 동시에 다이나믹한 매력 덕분에, 그리고 세상의 흐름이 바뀌는 순간을 정면에서 부딪히며 일할 수 있어서 동기부여를 많이 받는다고 했다. 전통 업계에서는 상상할 수 없었던 일들을 추진해볼 수 있고, 그런 부분이 자신의 모험가적 성향과 잘 맞는 것 같아서 상당히 만족한다고 했다. 이직한 지 얼마 되지 않아서 아직도 조심스럽게 적응 중인 나로서는 확신에 찬 그의 커리어 전환 경험기를 들으면서 앞으로 나아갈 방향에 대해 안정감이 들었다.

요즘 링크드인에서도 새로운 직장과 직급을 시작했다는 'Starting a new position'이라는 알람이 뉴스피드에 자주 올라온다. 대부분이 30대 친구들이다. 20대에는 학교 졸업 후 첫 직장을 시작하고 적응하느라 바쁜데 비해 서른부터는 어느 정도 경력이 쌓임에 따라서 앞으로 커리어를 디자인할 여유가 생긴다. 그리고 서른부터 기회가 주어지는 사람들에게는 몇 가지 공통적인 특징이 있다.

낯선 것, 새로운 것에 호기심을 갖는 적극성

매일매일 같은 업종의 사람들을 만나는 것도 좋지만, 평소에 접해보기 어려운 사람들과 만나는 기회가 있다면 적극적으로 탐색해보는 것이 좋다. 다른 사람과의 만남을 통해 생각의 틀을 넓히는 계기가 되기 때문이다. 새로운 무엇인가를 도전해보라는 추천을 하면, 지금 이 나이에 무슨, 너무 늦은 것이 아닌가라는 이야기를 하는 30대가 많은데, 사실 서른은 절대 늦은 나이가 아니다. 망설이는 대신, 직

접 부딪혀보고 깨우치는 것이 시간을 절약하는 길
이다.

One of them이 되기보다는 Only one

기회란 주어지기도 하지만 동시에 만들어나가는
것이기도 하다. 수동적이기보단 능동적인 태도가 필
요하다. 예전에 화장품회사에 이직하려고 인턴을 지
원했는데 아무도 기회를 주지 않았을 때, 나는 나 스
스로를 마케팅해야겠다고 생각했다. 한국인 메이크
업 아티스트라는 브랜딩을 해보기로 했다. 그냥 흔
하게 볼 수 있는 일반적인 메이크업 아티스트가 아
닌, 동남아에서 K뷰티를 전파하는 유일한 한국인 메
이크업 아티스트로서 말이다. 그 이후, 한국인으로
서 미스 싱가포르 선발대회에 메이크업 아티스트로
선정되는 기회가 찾아왔다. 비록 화장품 회사로 이
직하진 못했지만, 덕분에 새로운 경험을 해보게 된
계기가 되었다. 정해진 길이 나타나지 않는 경우에
는 내가 그 길을 만들어나가면 되는 것이다.

회복탄력성이 뛰어난 것

하고 싶은 것이 있다면 일단 시도해보는 편이다. 글을 쓰는 작가가 되고 싶다는 꿈을 갖고 있었을 때가 생각난다. 서점에 빼곡히 들어선 책들을 훑어보면서 나도 언젠가는 책을 내고 싶다고 생각했는데, 처음에는 글솜씨가 너무 없는 것 같아서 좌절하기도 했지만, 작은 도전들을 찾아보려고 했다. 글쓰기에 자신감을 가질 수 있는 기회들을 찾아보던 중, 대학생이 아니라고 해도 일반인으로서 도전할 수 있는 공모전도 많다는 것을 알고 지원해보았다. 그 결과 그중 몇 군데에서 원고 발탁도 되어서 나도 할 수 있다는 자신감 회복을 하는 데 많은 도움이 되었다. 무엇 때문에 안 된다는 핑계를 대기보다는 '~덕분에'라는 마인드를 가지면 예전에는 보이지 않았던 좀 더 많은 기회들이 보인다. 벽에 가로막힌 듯한 느낌이 들 때 오히려 잘됐다는 생각을 하는 순간, 한정된 틀을 깨고 새로운 가능성을 볼 수 있다.

이직을 고민중인
서른 중반 동생에게

동생이 연락을 해왔다

프로 이직러인 나와는 달리, 대학 졸업 후 한 회사에서 꾸준히 계속 일을 해온 동생이었다. 가지 않은 길에 대한 호기심으로 인해 끊임없이 변화를 시도하는 나와는 다르게 한곳에서 자기만의 브랜드와 평판을 쌓으며 묵묵하게 열심히 일하는 그 성실함이 정말 대단하다고 생각해왔다. 그러던 중 최근에 이직 제안을 받았는데 고민이 된다고 했다.

10년이 훌쩍 넘는 시간 동안 경력을 쌓아온 업종과는 아예 다른 업종으로 스카우트 제의를 받았다고 했다. 게다가 이제 몇 달 후면 출산을 앞두고 있는데 과연 이 시점에서 이직을 선택하는 것이 옳을지 고민이 된다고 한다. 업종 전환이라는 부분에서 불과 두세 달 전 내가 했던 고민과 너무 비슷해서 공감이 되었다. 그리고 이직한 지 한 달도 안 되었지만, 지금 시점에서 그때 나의 선택은 옳았던 것일까라고 돌이켜보게 되는 계기도 되었다.

갈림길에 선 동생에게 가장 최선의 선택은 어떤 것일까.
사실 어느 선택이든 정답은 존재하지 않는다. 어느 길을 선택하든 장단점이 있기에 선택 후 나만의 스토리를 만들어가면 되는 것이다. 그러나 이렇게 제한된 시간 내로 결정을 해야 하는 순간이 오면 후회를 최소화할 수 있는 선택이 무엇일지 고민되는 건 어쩔 수 없는 것 같다. 두 군데 중 한 곳을 포기했을 때 미련이 남을지도 모른다는 두려움 때문에 주변의 조언을 구하곤 하지만, 사실 답은 내 안에 있는 경우가 많다. 이직을 여러 번 해본 경험자로서 어떻게 하면 현명하게 결정할 수 있을지, 어떻게 해야 주변에 휩쓸리지 않고 내 안에서 나오는 단단한 목소리를 들을 수 있을지 이야기해보겠다.

　제일 먼저 할 것은 바로 커리어에서 중요하게 생각하는 가치의 우선순위를 정하는 것이다. 커리어에서 사람들마다 중요하게 생각하는 가치가 다르다. 성장, 안정, 연봉, 지위(영향력) 등 내가 중요하다고 생각하는 키워드를 순위대로 죽 나열해본다. 나만의 기준이 있어야지 주변의 의견에도 휩쓸리지 않기 때문에 나의 우선순위의 가치가 무엇인지 생각해보는 것이 중요하다.

　두 번째, 선택 옵션 각각의 장단점을 종이에 써보는 것이다. 생각만 하는 것과 종이에 직접 써보는 것은 다르다. 둥둥 떠다니는 생각들을 글씨에 담아서 시각화하면 또렷해지면서 양쪽 옵션 중 어느 쪽에 무게가 더 실리는지 관찰할 때 도움이 된다. 그리고 이렇게 쓴 장점 중 첫 번째에서 정한 가치의 키워드에 각각 연결을 시켜보고, 나의 우선순위 가치와 연결되는 장점이 어느 쪽에 더 많은지 확인해본다.

　세 번째, 미래의 시점부터 역추적을 한다. 지금의 선택으로 인해 나의 미래의 모습이 어떨지 그려보는 것이다. 미래의 일은 아무도 어떻게 될지 확신할 수 없지만, 내가 이 선택을 함으로 인해 적어도 지금 시점에서 그려지는 모습이 내가 궁극적으로 원하는 이상적인 모습과 가까운지 비교해본다. 만약 변화를 선택한 경우, 지금 당장은 적응하느라 고생할 수 있지만, 장기적 관점에서 내가 하고 싶은, 되고 싶은 모습에 가까워진다면 충분히 의미 있는 결정이다. 지금으로부터 3년 후, 아니 1년 후 모습이라도 분명하게 다른 변화의 모습이 그려지는지 보는 것이다.

마지막으로, 커리어에서의 결정요인이 내가 아닌 주변 환경이 되지 않도록 한다. 특히 워킹맘의 경우, 현상 유지가 아닌 변화를 선택하는 경우 아이에게 영향이 가면 어떻게 하나란 고민을 필연적으로 하게 되는데, 커리어의 방향을 정하는 주체는 아이가 아닌 나 자신이기에, 내가 진정 하고 싶은 일이 무엇인지 고민하고 선택했을 때 그 결정의 근거는 나로부터 나와야 한다고 생각한다. 힘든 순간이 올 때 아무런 결정을 강요하지 않았던 아이들을 핑계로 삼을 수는 없기 때문이다. 또한 오래 다녔던 회사에 대한 의리 때문에 결정을 미룰 필요도 없다고 생각한다. 비즈니스 세계에서 결과적으로 나의 경력과 운명을 책임지는 것은, 결국 회사가 아닌 나 자신이기 때문이다.

커리어의 갈림길은 누구에게나 고민되는 순간이다. 그리고 결정을 내릴 때 가장 중요한 건 나 자신에 대한 이해, 그리고 다른 사람이 아닌 나 자신과의 솔직하고 심도 있는 대화다. 지금의 나는 이직한 지 한 달도 안 된 상황이고, 매일 새로운 세계에 적응하느라 허우적대고 있으며 예전에 결정할 당시에는 미처 몰랐던 부분도 물론 있지만, 그때 치열하게 고민한 끝에 내린 결정이었기에 적어도 후회는 없다. 안정도 좋은 선택이었겠지만 나에게 중요한 건 '성장'이라는 가치였기 때문이다.

We are all going to
make it

새로운 분야에 도전할 때 누구나 호기심과 더불어 잘 알지 못하는 세계에 대한 두려움을 마주한다. 두려움을 그냥 방치하고 내버려두기보다는 적극적이고 능동적인 태도로 지금 이것을 극복하거나 보완하기 위해 내가 할 수 있는 것이 무엇인지 생각해보길 권한다. "The more you know, the more you dare"(알면 알수록 더 대담해진다)라는 말도 있듯이 모르는 것일수록 기초로 돌아가서 일단 코어 콘텐츠를 잘 이해하려고 하는 과정이 필요하다.

전통 산업인 금융 회사에 다니면서도 새로운 트렌드나 법안 등등이 발표되면 사내에서 'Learning & Development' 세션을 통해 배우는 시간이 있었다. 작년에는 ESG와 디지털 뱅킹이 화두였는데 이 주제에 대한 태스크포스팀이 있어서 팀에서 대표로 누군가가 트레이닝에 참여를 하고 이때 배운 내용을 팀 미팅 때 발표하는 세션을 가졌다. 나는 당시에 디지털 뱅킹 프로젝트에서 중앙은행 디지털 화폐 CBDC에 대한 내용을 맡았는데, 이때도 세상의 흐름과 변화의 속도를 따라가려면 새로운 혁신에 대해 계속해서 공부해야 하는구나란 생각을 했었다.

전통 산업에서도 계속해서 업계 내의 새로운 트렌드를 배우려는 노력이 필요한데, 하물며 아예 다른 산업으로의 변경을 앞두고서 긴장되는 건 어쩔 수 없는 듯하다. 그래서 미지의 세계를 이해하기 위해서 할 수 있는 범위 내에서는 최대한으로 준비를 해보려고 한다. 이미 유튜브 강의들이나 기사들은 질리도록 봤다고 생각했는데, 여전히 기술적인 내용이 나오면 헤매고 모르는 부분이 많다. 이미 구독해둔 뉴스레터만도 몇 개인지 모를 정도로 정보가 쏟아지는데 읽을 내용이 너무 많고 속도 역시 빠르게 흘러가서 현기증이 날 지경이다. 혼란스러워질 때면 중심을 잘 잡아야겠단 생각에 독서를 토대로 기본지식을 쌓으려고 한다.

얼마 전에는 유명 암호화폐 회사들의 CEO들과 만났다는 친구로부터 연락이 왔다. 전통 산업 출신의 인재들이 점점 이 새로운 분야로 진출한다는 이야기를 나누다가 나의 케이스에 대해 이야기했다고 한다. 멋쩍은 마음에 그런 전설과도 같은 유명한 사람들 앞에서 얘기할 만큼 난 대단한 사람이 아니라고 하니 그 친구는 나에게 WAGMI라고 이야기했다. 생소한 이 단어의 뜻은 "We are all gonna make it"(우린 모두 해낼 거야)라는 뜻이다.

지금은 아직 초창기의 허술하고 어설프기 짝이 없는 모습의 출발선에 서 있는 기분이다. 캄캄하게 어두운 공간을 더듬거리고 걷는 듯한 지금의 상태가 부족하다는 생각에 스스로를 재촉하고 불안감에 사로잡혀 있게 된다. 그러나 빨리 크면 빨리 멈추기도 쉽다. 문제는 속도가 아니라 '조금씩 꾸준하게'

지치지 않고 알아가는 '지속성'이 아닐까. 관련 경력이나 사전 경험이 없으니까 모르는 것투성인 지금은 어찌 보면 당연한 것이다. 처음부터 완벽한 사람은 없으니까. 이미 그 산업에 있는 사람들조차도 계속해서 배워야 하는 과정을 겪는다. 그러니까 너무 불안해하지 않았으면 좋겠다.

NFT 대신

NFT

요즘 떠오르는 기술인 블록체인, 그중에서도 NFT에 대한 관심이 특히 많아지고 있다. NFT는 Non Fungible Token의 약자로 대체 불가능 토큰을 의미하는데, 이 단어에서 T를 토큰 대신 인재를 의미하는 'Talent'로 바꾸면 어떨까.

사람들을 만날 때면 요즘엔 명함 교환 대신 링크드인으로 연결하는데 저마다 수식어가 단어들을 넘어 거의 한 문단이다. 화려해 보이는 수식어들 사이, 계속해서 눈에 띄는 단어가 있었는데 바로 'Expert' 즉, 전문가라는 단어다. 전문가라는 단어는 나로서는 조심스럽기도 하고 한없이 무겁게 느껴지는 묵직한 단어인데, 요즘 만난 사람들은 주저 없이 너도 나도 전문가를 외치는 것 같다. 새로운 분야인지라 전반적인 업계 분위기가 한껏 들떠 있는 것 같기도 하고, 전문가라고 해서 기대감을 안고 막상 대화를 시작하면 생각만큼의 깊이가 느껴진 적은 아쉽게도 많지 않았다.

요즘 핫한 키워드를 대화 중에 몇 개 섞는다고, 혹은 단순히 본인이 누구랑 친분이 있다고 해서 그 분야를 잘 안다고 하기 어렵고 마켓에 대한 본인만의 의견, 확실한 논리가 있고 자신만의 색깔이 뚜렷한 사람이 매력적인 것 같다. 사건들의 나열보다는 깊이 있는 사유 끝에 이제까지 들어보지 못했던 새로운 시각으로 나만의 생각을 펼칠 수 있는 사람이 바로 대체 불가능한 인재가 아닐까.

큰 기업일수록 각 부서에서, 그리고 직원이 하는 일이 파편화될수록 부속품의 일부로 느껴질 때가 있다. 그래서 팀 단위로 일할수록 휴가 시에 커버가 가능하도록 업무를 서로 파악해서 언제나 대체 가능하도록 시스템을 짜려고 한다. 그래서 회사원으로서 대체 불가가 과연 가능할까 생각할 수 있다. 다른 직원들이 도저히 못하는 아주 특별한 스킬 셋을 알고 있는 것도 아니고 말이다. 다들 비슷한 능력을 갖고 있을 때, 나를 어떻게 차별화할 수 있을까.

승진한 지 얼마 되지 않았을 때였다. 점점 많아지는 규제 관련 고객사 정보를 확인하는 KYC^{Know Your Client} 업무들을 해야 하는 상황이 있었다. 사실 프론트 오피스의 일이라기보다는 지원부서에서 보통 담당하는 일이었지만 싱가포르에서 새로운 규제가 도입된 지 얼마 안 된 터라, 세일즈부서에서도 적극 개입해서 고객사에게 연락을 해야 하는 일이었다. 세일즈 실적과는 연관성이 떨어지는 일인 데다가 수동으로 확인해야 하는 절차가 복잡해서 다들 기피하는 일이었는데 매니저가 나에게 새로운 프로젝트라며 부탁했다.

순간 안 그래도 할 일들이 쌓였는데 골치 아프겠다는 생각이 먼저 들었다. 다른 사람들도 많은데 왜 하필 나에게 이런 일이 주어진 걸까라는 생각에 난감했지만 긍정적인 시각으로 바라보기로 했다. 오히려 이것이 기회가 될지도 모른다는 생각이 들었다. 다들 내키지 않아 하기 때문에 더욱 맡아야 하는 일인 것이라고 말이다. 어려운 일이니까 이것을 해결한다면 나의 가치가 돋보이게 되는 기회가 될 것이다.

그날 이후로 이 프로젝트의 리드를 맡게 되었는데 역시 예상했던 대로 처리해야 할 일의 양도 많았고, 다양한 부서의 이해관계 역시 조심스럽게 조절해야 하는 일이라 굉장히 복잡했다. 이전에 똑같은 일을 처리한 내역이 전혀 없고 새로운 길을 만들어가는 일이라서 막막하기도 했지만 전체적인 흐름을 훑고 나서 워크 플로 매뉴얼을 만들었고, 내용을 시스템에 직접 입력 처리해야 하는 연관 부서들과 매주 미팅을 잡고 프로세스 처리 과정을 하나씩 잡아나갔다.

기존에 만들어진 자료가 없다고 해서 겁내지 않아도 된다. 오히려 아무도 아는 사람이 없으니, 내가 개척해서 전문가가 된다는 마음으로 만들면 되는 것이다. 막상 해보고 나면 생각보다 수월하게 진행

되는 경우가 많다. 회사원으로서의 전문가는 대단한 것이 아니라 바로 이렇게 세부적인 부분을 처음부터 끝까지 모든 과정을 꿰뚫을 만큼 파고드는 집념에서부터 비롯된다. 그래서 문제가 발생했을 때 사람들 중에 제일 먼저 떠오르는 Go-To Person이 되는 것이 바로 전문가인 것이다. 덕분에 나중에는 이메일을 하나씩 확인할 필요 없이 자동화된 과정을 도입해서 생산성이 많이 개선되었다.

회사에서 다들 어려워서 기피하는 업무가 있을 때는 귀찮아하기보다는 오히려 기회로 활용해보면 좋다. 누구나 할 수 있는 쉬운 일이라면 내가 하는 일의 가치가 상대적으로 높아지기 어렵다. 문제가 어려울수록 풀어내는 과정은 결코 쉬운 일이 아니겠지만, 만약 해결하게 된다면 조직 내에서 나의 포지션도 조금 더 단단해지는 계기가 될 것이다.

나만의 시선에서 사건을 해석하는 능력, 남들이 꺼리는 일들을 자진해서 해보는 용기와 기꺼이 시도해보려는 긍정적인 마음을 갖는다면 회사 내 대체 불가능한 NFT 인재로 자리매김할 수 있다.

불안할 때는
직면하는 게 가장 좋다

입사한 지 몇 달이 흘렀지만 회사 일은 여전히 바쁘고, 매일 새로운 뉴스와 지식들 속을 허우적대는 기분이 든다.

수없이 많은 회의에 참석했지만 한 번도 같은 내용이 나온 적이 없었다. 최근에 유명 컨설팅회사와 미팅을 했는데 질문의 농도가 다른 회의 때보다 유난히도 깊고 어려웠다. 처음 접해보는 단어들의 나열이 시작되는 순간 머릿속이 엉키면서 식은땀이 흐르는 것 같았지만 함께 참석했던 나의 상사가 너무나 자연스럽고 익숙하게 세련된 답변을 무리 없이 하는 걸 보면서 나였다면 과연 이런 질문에 어떻게 답했을까 생각해봤다. 그런데 구조가 확실히 그려지지 않았다.

또다시 답답함과 불안감이 스멀스멀 올라왔지만 이럴수록 정면돌파가 답이다.

회의록을 정리하면서 그동안 다뤄보지 않았던 주제에 대한 새 폴더를 하나 열었다. 그리고 공부를 시작했다. 관련 부서 동료에게 물어보기도 하고 리서치를 통해서 이런저런 자료들을 다운받아서 읽어보니 그동안 내가 관심 있게 들춰보지 않았던 내용들이었다. 이 정도면 그래도 많이 익숙해진 것 같다가도 어김없이 이런 회의에 참여하고 나면 자기반성의 시간이 다가온다. 모르는 내용이 나오면 계속해서 공부할 수밖에 없는 것 같다. 새로운 내용이 파도 파도 또 나오는 콘텐츠의 바다 속에서 가끔 우주의 수많은 먼지들마냥 둥둥 떠다니는 듯, 먹먹해지는 기분이 들기도 하지만 감정은 뒤로 밀고 지금 해야 할 일에 집중해본다.

더 많이 배우고 싶다는 의욕과 아직도 갈 길이 멀

다는 좌절감 사이에서 좌충우돌 치이는 중이다. 힘들지만 그럼에도 불구하고 계속하고 싶은 이유는 아이러니하게도 이 분야가 어렵기 때문이기도 하다. 대충 해서 쉽게 때울 수 있는 지식이 아니라 매일 업그레이드해야 하고 계속해서 알아가야 한다.

'하루도 같은 날이 없이, 매일 새로운 배움이 지속되는 것'은 내가 이상적으로 생각하는 일터의 조건 중 하나였다. 여러 가지 장단점이 있지만, 적어도 매일 더 나아지고 싶다는 자극은 확실히 있다. 경력이 10년이 넘어가면 하던 일이 손에 익어서 해오던 틀에서 굳이 벗어날 필요가 없고 안주하게 되기 마련인데 이곳에서는 몇 개월이 지났지만 여전히 신입의 마음으로 일하게 되는 듯하다.

회사는 커리어 플랫폼이지, 커리어의 목표가 될 수 없다. 회사라는 무대에서 나는 어떤 역할을 해나갈 수 있는지 브랜딩에 대해 고민해가는 나날들이 이어지고 있다. 나만의 단단한 내공을 쌓기 위한 해답은 막막한 두려움을 정면 돌파하는 시도를 쌓으면서 생겨난다. 일을 하는 와중에 배워가는 지식들이 언젠간 나에게 큰 도움이 된다는 것을 알기에 1분 1초도 허투루 보내고 싶지 않다. 어려운 미팅들에 참석할 때면 좌절감이 몰려오기도, 망망대해에서 표류하는 듯한 느낌이 들다가도, 이렇게 드넓은 바다에 거침없이 풍덩 뛰어들었던 스스로의 용기를 칭찬해주고 싶기도 하다. 덕분에 공부할 수 있고 어제보단 조금 더 나아지는 계기가 되니까.

얼마 전에는 조용하던 MBA 동기 그룹채팅방에 알람이 울렸다. 내가 앞으로 발표자로 참여하게 될 웹 3.0 콘퍼런스의 포스터를 유럽에 있는 동기가 우연히 봤는데 응원한다는 메시지였다. 오랜만에 받는 동기들의 메시지에 이건 정말 포기하면 안 되겠구나, 잘하고 싶다는 의욕이 생겼다. 사실 이 행사는 처음 제안을 받았을 때, 함께하는 발표자 명단을 보고 부담감이 몰려왔다. 하지만 상사의 적극적인 추천으로 결국 발표자로 나가게 되었던 것이다.

코로나 상황이 점점 나아지면서 많은 오프라인 이벤트가 생기고 있다. 올해 말까지 줄줄이 많은 세미나와 콘퍼런스 일정들이 잡혀 있고 벌써 스피커로 많은 자리에 초대를 받았다. 이미 몇 가지 큰 행사에 발표자 경험이 있기에 괜찮을 법도 한데 매번 이런 초대를 받을 때마다 사실 걱정이 앞선다. 다양한 주제를 마주하는데 가끔은 익숙하지 않은 토픽에 대해서도 발표를 해야 하기 때문이다. 그럴 때마다 처음 보는 주제에 대해서 이야기하는 도중 혹시라도 실수하게 되진 않을까 긴장하게 된다. 발표를 하나 앞두면 그 전에 많은 자료를 혼자서 읽고 보고 공부하고 나만의 언어로 재해석을 해야 하는데, 이렇게 준비하는 과정부터 부담이 되는 것 같다. 최근 느낀 번아웃의 이유 중 하나도, 한꺼번에 몰려오는 일들에 숨 막힐 것 같은 책임감 때문이었다.

어지러운 마음을 잠재우고 곰곰이 생각해보니 나는 일어나지 않은 일을 미리 당겨서 걱정하는 중이었다. 사실은 아직 아무런 나쁜 일도 일어나지 않았다. 아무도 강제로 이 발표들을 해달라고 강요하지도 않았다. 단지 내가 미리 적극적으로 '걱정하기'를 당겨서 하고 있었을 뿐이었다. 걱정을 한다고 해서 실제 도움이 되는 건 아무것도 없다. 기회가 주어졌을 때 먼저 해야 할 것은 걱정하기가 아니라 가능성에 초점을 맞춘 긍정적인 질문하기다.

1. 나는 이 일을 통해 어떤 것을 성취할 수 있을까?
2. 어떤 것을 배울 수 있을까?
3. 어떤 기회들이 이어질 수 있을까?

질문을 마주해보니 나에게 주어진 기회들은 내가 시작하지 않으면 절대 알지 못할 소중한 경험이란 생각이 들었다. 기회들 앞에서 주저하기보다는 정면돌파하고 기회 속에 뛰어드는 것이, 그래서 성장의 한 페이지로 남기는 것이 의미 있게 시간을 쓰는 방법이다. 자꾸만 쪼그라드는 자신감을 꾹꾹 다려가면서 단단한 경험으로 쌓고 싶은 이유는 나중에 나의 후배들이 비슷한 문제에 직면했을 때 찐 경험에서 우러나오는 격려를 해줄 수 있는 사람이 되고 싶기 때문이다.

부담감과 걱정에 짓눌리는 것이 두려우면 가장 쉬운 선택지가 하나 있는데 바로 아무것도 하지 않고 도망가는 것이다. 하지만 긍정적인 영향력에 집중하면 나의 용기로 생길 기회들이 무궁무진하게 이어진다. 처음부터 완벽하게 잘하는 사람은 없으니까, 이렇게 자꾸만 도전하다 보면 언젠간 내가 바라는 이상적인 모습에 한 발자국 더 다가가게 되지 않을까. 걱정할 시간에 차라리 나에게 주어진 기회를 어떻게 하면 잘해낼 수 있을지, 컨트롤이 가능한 범위 내에서 할 수 있는 플래닝을 하는 것이 한정된 시간과 에너지를 효율적으로 쓰는 법이다. 그리고 설령 망했다고 하더라도 세상이 무너지는 것도 아니다. 부족했다는 느낌을 통해 다음에 또 보완해서 잘하는 기회로 삼으면 된다. 이 세상에서 쓸모없는 경험은 없으니까, 누군가 훗날 비슷한 고민을 하게 된다면 이미 그 길을 걸어온 선배로서 진정성 있는 응원을 보내고 싶다.

"시작하지 않으면 절대 알 수 없는 당신의 빛나는 가능성들을 지나치지 마세요."

모교에서
강의하던 날

5년 전 대학원 발표 과제들을 가득 짊어지고 잠을 쫓기 위해 커피를 수혈하며 학교로 걸어가던 시절이 생각났다. 과연 졸업은 무사히 할 수 있을까 생각하면서 걷던 그 길을 이젠 학생이 아닌 강사로서 다시 걷다 보니 굉장히 오묘한 마음이 들었다.

오랜만에 방문한 캠퍼스는 여전히 젊은 에너지가 넘쳤다. 교수님이 직접 로비에 마중 나와주셨다. 교수님은 요즘 학생들이 많이 관심 있어 하는 주제인데 업계 전문가 입장에서 본 웹 3.0에 대한 경험담이 기대된다고 하셨다.

오늘의 발표 주제는 바로 블록체인이 창조경제와 브랜드에 미치는 영향에 대한 것이었다. 특강 요청을 받았을 때 과연 잘할 수 있을까 망설여졌다. 직장인들 앞에서 하는 패널 토론보다, 학생들 앞에서 하는 강의가 훨씬 부담이 컸다. 다른 어느 자리보다도 모교 학생들 앞에서는 완벽하게 준비를 해야 할 거 같아서 무거운 책임감이 느껴졌다. 더군다나 제안을 받았을 때부터 강의 날까지 시간이 얼마 남지 않은 데다가 업무까지 밀려 있어서 촉박한 일정 내로 잘할 수 있을까 하는 고민이 되었다.

하지만 가만히 생각해보니 아무도 나에게 완벽함을 기대한다고 말한 사람은 없었다. 완벽함이란 내가 스스로를 옭아매는 허상이었다. 나는 그저 내가 그동안 했던 경험들을 토대로 학생들의 눈높이에서 설명하면 되는 것이다. 오히려 너무 어려운 이야기로 풀면 재미없는 시간이 될 수도 있을 테니 내가 학생이라면 어떤 이야기를 듣고 싶을까란 생각으로 프레젠테이션을 준비했다.

나의 경험담과 더불어 그동안 책장 안에 쌓아두기만 하고 읽지 못했던 책들도 모조리 꺼내서 속독

하며 읽었다. 바쁜 일과를 끝내고 집으로 돌아와서 개미 같아 보이는 촘촘한 원서 글자들을 읽으면서 졸음이 쏟아지기도 했다. 출퇴근 시간엔 관련 유튜브 영상과 팟캐스트도 벼락치기하듯 메모하면서 내용들을 흡수해보려고 했다. 하지만 워낙 양이 방대하고 변화가 빠른 업계 특성상 모든 것을 전부 커버하기란 불가능하겠다는 걸 준비하는 과정에서 깨달았다. 그렇다고 해도 예상치 못한 질문들이 나왔을 때 우물쭈물대고 싶지 않았기 때문에 준비할 수 있는 한 최대한 노력을 해보고 좋은 콘텐츠를 강의시간에 녹여내고 싶었다. 결국 발표 전날까지 새벽잠을 설쳐가며 프레젠테이션을 준비했다.

드디어 특강을 하는 날 학생들 앞에 서 있다 보니 초롱초롱한 맑은 눈빛이 느껴졌다. 수업시간 바로 직전까지만 해도 엄청 긴장을 했는데 막상 학생들 앞에 서보니 후배들 앞이어서 그런 건지, 아니면 대학원 시절 때도 익숙하게 공부하던 교실이어서 그런지 마음이 편안해졌다. 케이스 스터디처럼, 마치 대학원 시절을 떠올리며 수업을 진행했다. 일방적인 주입식보다는 학생들과의 상호작용이 중요하다고 생각했기에 나도 질문을 던지면서 활발하게 토론식으로 진행했다. 그러다 보니 원래 계획했던 시간보다 훨씬 초과해서 수업을 마무리하게 되었다. 우리 학교는 역시 질문하는 것을 장려하는 문화라서 학생들의 다양한 질문들이 쏟아졌다. 학생들 중에는 이미 NFT 아티스트로 활동하는 친구도 있었고 앞으로 이 분야로 사업을 생각하는 친구도 있었다.

앞으로 웹 3.0 세계는 블록체인을 통해 중간 중개자가 없이 직접 크리에이터가 팬과 거래할 수 있는 시대가 된다고 설명했다. 그런데 알고 보니 수업을 듣는 학생 중, 이미 메타버스상에서 드라마 PD로 활동하고 있다는 학생이 있어서 그 학생의 경험담도 흥미롭게 들을 수 있었다. 기업보다는 개인의 영향력이 점점 커지는 앞으로의 세상에서 블록체인은 이 생태계에 어떤 영향을 줄 수 있을지 이야기하다 보니 시간이 금방 훌쩍 지나버렸다.

막막하게만 느껴졌던 대학 특강을 마치고 나니

모교에서 또 다른 추억을 새길 수 있던 시간이어서 뿌듯했다. 젊고 순수한 학생들을 만나다 보니 예전에 열정이 가득하던 나의 학생 시절도 생각났다. 나의 수업이 화려하고 복잡한 내용이 아니었을지라도 후배들에게 전달하고 싶었던 진심 어린 마음만큼은 전달되었으면 좋겠단 생각이 들었다. 학생들로부터 오히려 내가 더 많이 배웠던 시간이었다.

다음에 기회가 오면 조금 더 성장한 모습으로 설 수 있을 그때까지 또 나는 나의 속도대로 배움을 이어가 보려고 한다. 워낙 빠르게 변하는 분야라서 마스터했다고 자신 있게 이야기할 수 있는 날이 과연 올까 싶지만, 나 역시 학생의 자리에서 내가 할 수 있는 한 걸음씩 그렇게 조금씩 배워가고 싶다. 그러다 보면 다음에는 더 많은 이야기를 들고 가서 나눠 줄 수 있지 않을까.

두려워도
한 걸음씩

"I want to make a living by doing what I love to do."

(하고 싶은 일을 하면서 생계를 꾸리고 싶어요.)

학생들과 만난 자리에서 인상적이었던 것은, 요즘엔 기업의 직원으로서 취업하는 진로 대신 본인이 좋아하는 일로 사업을 하는 것을 생각하는 사람들이 정말 많다는 사실이었다. 좋아하는 사진들을 찍거나 직접 그린 그림, 작곡한 음원들을 NFT화해서 판매하는 사람들도 있었고, 메타버스상에서 커뮤니티를 만들고, 나만의 팬을 만들어서 하고 싶은 일들을 하며 열정을 이어가는 계획을 갖고 있었다. 생각한 계획이 있으면 고민하지 않고 바로 실행해 버린다는 몇몇 학생들을 보면서 도전정신에 감탄했다. 앞으로는 개인의 영향력들이 더 커지는 세상이 되고, 직업의 수도 훨씬 더 다양해지겠단 생각도 들었다.

블록체인 업계에 있다 보면 금융계에서 온 사람들을 자주 만나게 되는데, 만날 때마다 묘한 동질감을 느낀다. 비슷한 백그라운드를 가진 사람들과 예전 업계에서 겪은 경험을 바탕으로 이 새로운 세계에서 겪는 에피소드를 공유하다 보면 나만의 느낌이 아니었음을 깨닫고 공감을 하게 된다. 서로에게 하는 질문 중 제일 자주 나오는 질문이 있는데 "어떻게 하다가 이곳으로 오게 되었나요"이다. 우연히 마주한 기회에 용감하게 지원한 사람들도 있고, 원래 이 분야에 관심이 있었던 사람들도 있다. 그 이후에 연이어서 나오는 질문이 바로 이 세계에 온 것을 후회한 적이 있냐는 것이다.

하지만 후회한다고 얘기하는 사람은 이제까지 보진 못했다. 오히려 이 분야로 지금이라도 남보다 조금 더 일찍 온 것에 감사한다는 사람들이었다. 웹 3.0 회사의 직원으로서 이직을 한 사람들과도 만나지만 요즘 더욱 인상적인 사람들은 바로 아예 이 분야에 사업가로서 뛰어든 사람들이다. 어제 만났던 분도 뉴욕에 위치한 유명 투자 은행에서 일하고 금융 관련 국제기구에서 일하다가 메타버스 관련 플랫폼 사업에 뛰어든 분이셨다. 아직은 시작하는 초기 단계의 회사지만 처음에 이 세계를 알게 되었을 때, 꼭 도전해보고 싶다는 마음이 컸다고 한다. 메타버스를 통해 현실세계에서 이루지 못한 부분을 가상세계에서 실현하는 무궁무진한 가능성에 매료되어서 사업을 시작했다고 했다.

다양한 사람들과 이야기를 하면서 생각에 자극을 받는다. 그리고 대화 속에서 동기부여를 받게 되는 공통 지점은 바로 아직 불확실한 미래에 확신을 갖고 나만의 길을 개척하는 사람들의 긍정적인 마음가짐이다. 스스로에 대한 부정적인 목소리나 의심이 없다. 타인의 시선에 연연해하지 않고 자신의 목표에 대해 진정성을 갖고 항상 긍정적으로 생각한다. 팔로워보다는 리더가 되기를 선택하는 사람들을 보면서 많은 것을 느끼는 중이다. 아무도 가지 않은 길에 대해 두려운 건 당연하지만 부정적으로 생각할 필요는 없다. 과연 내가 할 수 있을까라는 자기 의심은 버리고, 내가 나의 제일 큰 서포터이자 지지자가 되자. 부정적인 목소리가 들릴 때마다, 두려워질 때마다 나를 응원하고 다독이며 한 걸음씩 나아가면 된다.

요즘 외부 연사로 나가는 일이 잦아졌다. 그런데 이번에 새로 요청받은 패널 주제와 연사 리스트를 보고 상사에게 되물어볼 수밖에 없었다. 함께하는 패널 리스트들이 모두 업계에서 내로라하는 사람들이었다.

매 순간이 나에겐 도전이자 의미 있는 경험이라고 생각해서 주어지는 기회들이 어렵지만, 시작하지 않으면 영원히 알 수 없는 세계이기 때문에 최대한 모든 자리들을 수락했다. 아무리 화술 관련 수업을 듣는다고 해도 결국엔 실전으로 부딪히지 않으면 소용없는 지식이기에 많은 연습을 거쳐야 하기 때문이다. 그런데 문제는 수락하고 나서부터였다. 매번 짧은 시간 내에 준비를 하느라 피 말리는 공부를 해야 했다.

나는 마치 시험 전에 벼락치기를 하듯, 번갯불에 콩 구워 먹듯 주제에 대해서 다각도로 분석해보고 원고를 준비해야 했다. 바로 전날까지도 밤늦게까지 공부하면서 이걸 왜 한다고 해서 사서 고생인가란 생각이 들기도 했다. 여전히 한참 부족하게만 느껴지는 나는 할 수 있는 한 모든 준비를 하고 싶었다. 그래야지만 비로소 떨리는 마음을 다잡고 무대에서 자신감 있게 마이크를 잡을 수 있을 것 같았다.

바탕화면에 설정한 나의 공부 폴더에 점점 저장한 자료들이 많아지고 있다. 쌓여가는 리서치 자료들 속에는 방대한 데이터들이 한가득이다. 시간은 없고, 알아야 할 것들은 많아서 그냥 읽는 즉시 머릿속에 입력되면 좋겠는데 하루 종일 일하고 나서 퇴근한 이후에 하는 공부는 만만치 않다. 자료를 읽고 나의 관점에서 해석하고 준비한 원고를 아무리 읽고 또 읽어봐도 항상 부족하단 생각이 든다. 내가 혼자서 리드하는 기조연설보다 패널토론은 대화식으로 이어지기 때문에 흐름이 자연스러워야 해서 아무리 사전 준비를 한들 100% 완벽하게 모든 돌발질문을 예측하기 어렵기 때문이다.

이번에 참여한 시간이 바로 그런 케이스였다. 패널 토론은 그럭저럭 넘어갔는데 쏟아지는 방청객 질문들 중에서 미처 생각지 못했던, 그래서 대답하기 어려운 질문들이 꽤 많았다. 그래서 답변을 하는 와중에도 생각을 정리하느라 떠듬거리게 되었다. 겉으로는 표정관리를 하고 있었지만 내 모습이 바보같이 느껴져서 마음속에서는 비명이 새어 나오는 것 같았다. 방청객들이 왠지 나를 비웃을지도 모른다는 생각이 들었다. 식은땀이 나던 돌발 질문들과 긴장되는 시간이 끝나고 나니 다행이다란 생각보다는 깔끔하고 만족스럽게 발언하지 못한 스스로의 모습이 실망스러웠다.

"난 언제쯤이면 말을 잘할 수 있을까?"

행사가 끝나고 나서 한숨이 푹푹 나오는 가운데, 친구에게 연락을 했다. 뛰어난 화술과 유머러스한 진행 실력 덕분에 자주 무대에 서는 친구였다. 말을 잘하는 능력이 필요한 요즘, 친구에게 가끔 조언을 구하곤 하는데, 그는 시무룩한 나에게 뜻밖의 답변을 했다. 쉽지 않은 무대에 서서 해낸 것을 축하한다고 말이다. 결국 저절로 되는 것은 없다고, 말을 잘하기 위한 비법은 다른 게 아니라 연습이 필요하다고 했다. 그런데 연습보다 중요한 건 예전에 할 수 없다고 생각한 것들에 도전하고 해낸 나 자신을 칭찬해야 한다는 것이다. 아무도 나를 비난한 적이 없는데 내가 스스로 설정한 기대치를 맞추지 못했다고 앞장서서 나를 꾸짖을 필요는 없다. 매 순간이 배움의 기회라는 사실을 잊지 말고 연습을 이어가면 된다.

　　지금은 비록 떠듬거리고 서툰 모습이더라도 누구에게나 자기만의 공부 폴더가 있을 거라 생각한다. 직접 기록하지 않았어도 경험으로 축적된 데이터가 있을 거다. 이런 것들이 하나둘씩 쌓여가는 만큼, 내공도 조금씩 그리고 천천히 단단해질 거다. 실수는 누구나 하지만 중요한 건 그것에서 배우는 것이다. 어제보다 오늘, 오늘보다 내일 더 성장한 나를 기대하며 스스로를 채찍질하고 반성하는 대신 조금 더 너그러운 시선으로 '나'를 칭찬해주길 바란다.

불안정한 파도 속,
단단하게 나를 지키는 힘

바야흐로 내가 속한 테크 업계는 많은 회사들이 대규모로 구조조정 중이다.

커리어 소셜 플랫폼인 링크드인의 피드를 보면 주로 승진이나 자신이 이룬 성취에 대한 전시를 하는 포스팅이 많다. 하지만 최근에 빅테크 회사의 배지 사진들, 그리고 키워드로 #layoff, #opentowork 를 올리면서 회사를 떠나게 되었다는 소식이 굉장히 자주 눈에 뜨인다.

또한 불과 1년 전만 해도 떠들썩했던 메타버스, NFT라는 키워드가 챗GPT, AI의 키워드로 빠르게 바뀌어가고 있다. 웹 3.0 업계도 구조조정을 한다는 뉴스가 헤드라인에 흔하게 등장한다.

한창 성장하는 산업에서는 멈추지 않고 마치 신나게 엑셀을 밟고 질주하는 분위기여야 한다고 생각했는데 예상과는 다르게, 그리고 너무나 급작스럽게도 브레이크가 걸린 듯한 느낌이다. 업계를 막론하고 결국 어디든 100% 완벽하게 안정적인 직장은 존재하기 어려워 보인다. 똑똑하고 뛰어난 사람들이 업무 성과나 능력에 관계없이 하루아침에 직장을 잃어버리는 모습을 보고 있자니 마치 데자뷔 같았다. 예전 회사에서 갑자기 책상을 비우고 떠나게 되었던 동료들이 떠올랐다.

금융계에서는 워낙 구조조정이 일상화되어서 이 정도는 아무것도 아니라고, 마음에 굳은살이 박힌 줄 알았지만, 비슷한 상황을 또다시 마주하니 씁쓸함은 여전했다. 아무리 의욕적으로 일하고 싶어도, 사람들과 함께 일하는 팀워크가 중요한 업무일수록 주변에서 일어나는 상황을 무시하고 일에 집중하기는 결코 쉽지 않다. 우리는 일만 하는 로봇이 아니라 감정을 가진 사람이니까. 결국 회사원이란 어차피 외부의 상황에 좌지우지될 수밖에 없는, 스스로 나만의 주도권을 갖기는 불가능한 걸까. 하루하루 마지막 출근일 수도 있다는 불안감을 안고, 마치 끝이 예고되어 있는 시한부처럼 우리는 주어진 상황을 대책 없이 그저 받아들이기만 해야 하는 걸까.

운명을 스스로 정할 수 있는 일은 과연 무엇이 있을까, 라는 물음표를 오랫동안 갖고 있었다. 그 질문의 답은 회사 안이 아닌 밖에 있지 않을까 하고 방황하기도 했다. 부서를 바꾸거나 산업을 바꾸건 결국 회사에서 일하는 직장인으로서 나의 선택보다는 외부의 누군가의 결정에 의해 커리어가 좌우되기 쉽다. 나의 이름 석 자만으로도 충분히 당당해질 수 있는 전문성을 찾고 싶었다. 흔히들 옛날 어른들이 하시는 말씀처럼 기술을 배워야 하거나, 사업을 하거나, 아니면 전문직을 가져야만 비로소 회사원의 딜레마에서 벗어날 수 있을까.

이제는 조금 다른 시선에서 이 질문에 대한 답을 찾아보려고 한다. 회사가 나에게 가치를 부여하길 기다리거나 기대하지 않고, 나만의 가치를 스스로 만들어가고 개척해나가는 것이다. 마치 프로 운동선수, 혹은 프리랜서라는 생각으로 내가 할 수 있는 스킬에 집중하는 것이 훨씬 더 감정이나 시간의 낭비를 줄이는 길이다. 회사는 이윤 추구라는 목적을 위해서 모인 조직이기에 냉정하게 보면 회사가 나를 평생 고용해야 할 의무는 없다. 개인이 더 나은 조건을 찾아 이직을 하듯이, 회사와 나는 서로 추구하는 목표에 의해 고용관계로 만난 것이다. 지금은 비록 인연이 아니더라도, 나중에 나와 맞는 회사를 만날 수도 있다.

옛날에 구조조정으로 떠났던 동료들 중에는 전문성을 인정받아 오히려 더 나은 조건으로 다른 회사의 오퍼를 받는 경우도 많이 있었다. 지금 어려운 순간이 나중에 기회가 된 전화위복의 케이스도 자주 보아왔다. 15년 넘게 커리어를 지속하는 동안 깨달은 건, 바로 영원한 건 없다는 사실이었다.

매일 하루 대부분의 시간을 차지하는 일에서 나만의 전문성이 시작된다. 회사원이란 모습을 얼른 벗어나려고 현재 살고 있는 지금 이 순간을 부정하는 극과 극의 이분법적인 생각에서 벗어나야 한다. 커리어 주도권을 갖고 싶은데 '회사원이라서' 안 되는 것이 아니라, '회사원인 덕분에' 돈을 벌면서 나의 브랜드를 키우는 시간이라고 생각하는 건 어떨까. 외부상황이 아닌 일의 본질에 대해 깊이 파고들면서 일에 대한 정의를 조금 다른 시선으로 해석해보면 마음가짐의 온도 차가 크게 느껴진다. 내가 하는 일의 의미를 남들이 만들도록 내버려두지 않고, 내가 스스로 나만의 언어로 정의해보자.

출장을 와 있는 동안 정신없는 일정을 소화해내면서도 나는 새벽 루틴을 놓치지 않는다. 나와 마주보는 스스로와의 새벽 미팅시간을 꼬박꼬박 챙기는 이유는, 이 시간에 하는 독서, 글쓰기가 아무리 외부상황이 어수선하게 변하더라도 나의 마음을 단단하게 하는 데 도움을 주기 때문이다. 나와의 미팅시간이 없다면 지금의 기회도 오지 않았을 것이기에, 어김없이 새벽에 일어나서 나의 루틴을 지킨다. 다양한 회사들을 거치면서 느끼게 된 중요한 것은 지금

하는 일이 얼마나 가치가 있는지, 어떤 의미가 있는지, 전문성이 있는지 여부지, 현재 있는 곳이 회사 안인지 밖인지는 크게 의미가 없다는 사실이었다.

구조조정이 일어나는 동안 느껴지는 외부의 많은 변화들에 마음이 싱숭생숭할 수 있다. 하지만 회사의 비전이 보이지 않는다고, 컨트롤할 수 있는 것이 없다고 무기력하게 넋 놓고 있거나 흔들리기보단, 시선을 외부가 아닌 내 안으로 돌리는 것이 훨씬 시간과 에너지를 효율적으로 쓰는 방법이다. 구조조정이 오든 오지 않든 타이틀이 나에게 주어지길 기다리지 말고, 내가 나에게 주고 싶은 타이틀을 만들어가자. 스스로를 멋진 사람으로 대우하고 기꺼이 기회를 주려고 할 때, 세상도 나에게 기회를 주니까. 앞으로도 흔들리는 순간은 매번 찾아오고 지나가면 또 온다. 하지만 내가 가고 있는 길을 끝까지 포기하지 않는다면 한 스텝씩 올라서는 자신을 발견할 수 있을 것이다.

나만의 커리어,
컬러풀하게

이번 글에서는 나의 사이드 잡에 대해서 잠깐 언급해보려고 한다. 나는 본업과 전혀 상관없어 보이는 일을 하고 있는데, 바로 메이크업 아티스트다. 일의 외관은 다르게 보일지라도 나는 기본적으로 내 일의 본질이 같다고 생각한다. 그걸 파악한다면 누구라도 나처럼 전혀 연결고리가 없어 보이는 일에서도 자신만의 영역을 확보할 거라 생각한다.

"여러분에게 커리어란 무엇인가요?"

얼마 전 멘토링 수업 중 강사가 던진 질문이었다. 사회생활을 하면서 우린 저마다 제각기 다른 커리어에 대한 정의를 할 수 있을 것 같다. 나에게 커리어의 정의는 무엇일까라고 생각해보니, 일단 '성장'이라는 키워드가 생각났는데 이를 수식하는 표현으로는 단조로운 모노톤이 아닌, 다양한 색깔을 가진 컬러풀한 성장이 아닐까란 생각이 들었다.

개인적으로 나는 반복적인 일, 단순한 일에 싫증을 쉽게 느끼고, 항상 새로운 것에 대한 호기심이 많다. 그래서 업무적으로도 새로운 사람들을 만나거나, 매일매일 예측할 수 없는 일을 하는 걸 좋아한다. 예측할 수 없기에 쉽지 않지만, 이제까지 해온 방식이 아닌 방법으로 솔루션을 찾아냈을 때는 그만큼 보람과 희열도 크게 느껴지는 것 같다.

내가 메이크업을 좋아하는 이유 역시 아마도 그런 이유에서 온 것 같다. 일란성 쌍둥이가 아닌 이상, 이 세상에서 완전 똑같이 생긴 사람들은 없고, 그렇게 저마다 세상에서 단 하나뿐인 특별한 개성을 가진 얼굴에 다양한 색감을 사용해서 하나의 작품을 만들어내는 과정이기 때문이다.

커리어도 마찬가지로 다양한 경험을 해보는 것이 유리하다고 생각한다. 물론 하나의 분야를 전문적으로 파고드는 것도 프로페셔널로서 중요한 전문성이고 쉽지 않은 꾸준함을 요하는 일이기에 정말 대단하다고 느끼지만, 전문직이 아닌 일반 사무직 회사원으로서 커리어를 쌓아가는 입장에서 바라보면, 꼭 하나의 업무만 꾸준히 하기보다는 여러 분야를 두루 겪어보는 것이 본인의 적성을 발견하는 데도 다양한 경험을 쌓을 수 있어서 도움이 되는 것 같다.

"내가 뭘 좋아하는지, 과연 잘하는 것이 뭔지 잘 모르겠어요."

멘토링할 때 후배들로부터 굉장히 많이 받는 질문이다. 10년 넘는 직장생활을 하면서 100% 자신 있게 내가 좋아하는 것이 뭔지, 잘하는 것이 뭔지 확신에 찬 대답을 할 수 있는 사람들은 의외로 많이 보지 못했다. 아직 잘 모르는 것은 지극히 정상이다.

30대가 되면서 유난히 서른앓이를 심하게 했던 나는 아직도 내가 좋아하는, 잘하는 단 하나의 어떤 그 무엇에 대해 찾지 못한 것 같아서 조급하고 불안했었다. 빨리 그에 대한 답을 찾아내서 전력 질주하지 않으면 아까운 시간을 낭비하는 것 같다는 생각에 늘 조급해했다. 시중에 있는 적성검사, 진로검사를 하더라도 하나의 참고자료 역할을 할 뿐이지 정말 내가 원하는 업의 정확한 정답을 주는 것은 아니었다.

MBA 시절 동안 스스로에게 시간을 주고 나면 내가 정말 좋아하는 단 하나의 그것이 뭐가 있을지 앞으로 내가 해나가야 할 분야가 무엇인지에 대한 답을 찾을 수 있을 줄 알았다. 하지만 졸업한 지 몇 년이 지난 지금도 나는 아직 확실한 답을 찾지 못했다. 아니, 정확히 말하면 이제는 굳이 찾을 이유를 느끼지 못하는 것 같다. 왜냐면 커리어를 단 하나의 직업으로만 정의할 필요가 없다고 생각하기 때문이다.

우리는 회사원이면서, 동시에 다른 역할도 한다. 누군가의 엄마이자 아내이자 또 다른 역할로서 다양한 이름으로 살아간다. 나의 존재 가치가 회사 명함에서만 나오는 것은 아니다. 회사원이라는 역할도 충실히 해야겠지만, 그 외에 내가 하고 싶은 그 무엇인가가 있다면 조금씩 서서히 다채로운 경험을 쌓아가는 것도 그 과정 속에서 충분히 즐거움을 느낄 수 있는 방법인 것 같다. 이 세상에는 얼마나 재미있는 일들이 많은가.

재미있어 보여서, 평소에도 관심이 많아서 큰 욕심 없이 취미로 조금씩 작게 시작했다가 나중에 시간이 쌓이면서 본인만의 커리어 포트폴리오로 축적되는 경험들도 많다. 그렇기 때문에 아직 뚜렷한 하나의 색깔로만 커리어를 정하지 못하더라도 결코 불안해할 필요가 없다. 오히려 여러 가지 경험을 통해 나타낼 수 있는 나만의 컬러풀한 스토리를 담은 커리어가 스스로를 남들과 차별화할 수 있는 가장 강력한 매력이 될 수 있다.

시작만큼 중요한 게 그 과정을 잘 견디는 거라 생각한다. 우리는 모두 과정 위에 놓여 있는 존재들이니, 나만의 퍼스널 컬러를 찾아 나의 길을, 나답게 꾸며가길 바란다.

| × * * *

한 번뿐인 인생,
머뭇거리지 말자

오늘도 어김없이 아이가 학원 수업 마치는 것을 기다리는 동안 노트북을 켠다. 그리고 습관처럼 주문한 아이스 아메리카노와 함께 은은한 재즈가 흐르는 커피숍에서 글을 쓰고 있다.

어떤 때는 커피 속 얼음이 모두 녹아버릴 때까지 도저히 글이 안 써지기도 하고 어떤 때는 자리에 앉기도 전에 단숨에 쉴 새 없이 손끝에서 글을 쏟아내기도 한다. 내가 이렇게 글을 쓰려고 고군분투하는 이유는 물론 글쓰기를 좋아해서이기도 하지만, 세상 어디선가 나처럼 방황하고 있을지도 모를 누군

가에게 도움이 되고 싶기 때문이다

회사생활 10년 만에 겨우 시도한 MBA, 임신 중에 도전한 메이크업 아티스트. 주변에서는 다들 무모하다고, 너무 늦었다고 했다. 유축기와 묵직한 메이크업 가방을 함께 가지고 다니며 꿈을 키웠고, 퇴근 후 졸린 눈을 부릅뜨고 새벽잠을 줄여가며 공부한 끝에 MBA를 무사히 졸업했다. 잘 다니고 있던 금융권 회사를 박차고 나와 전혀 새로운 업계로 도전하기도 했다. '무슨 부귀영화를 누리겠다고 이렇게 고생을 하나' 하는 생각도 들었지만, 하고 싶은 일에 도전하는 기쁨과 보람이 더 컸다. 결국 지각 인생이라고 하더라도, 남들보다 시작이 늦었다고 해도 천천히 나만의 속도로 꾸준히 경험을 쌓으니 결과가 보이기 시작했다.

얼마 전 외삼촌의 부고를 듣고 한국에 다녀왔다. 갑작스럽게 암 선고를 받고 허망하게 떠나신 외삼촌을 보내드리며 마음속으로 느낀 점이 있었다. 만약 하고 싶은 일이 있다면 세상의 기준에서 말하는 '지각'에 연연하지 말고 일단 시도하는 것이 중요하다는 것이었다. 때를 놓쳤다고 포기하면 전혀 가능성이 없지만 조금이라도 첫걸음을 내딛는다면 얼마든지 해낼 수 있기 때문이다. 한 번뿐인 인생인데, 머뭇거리다가 시도할 기회조차 놓쳐버리면 너무 아쉽지 않을까.

한국에서 대학을 졸업한 이후, 첫 사회생활을 싱가포르에서 시작하면서 나의 우선순위는 커리어였다. 어떻게 하면 조금 더 멋진 커리어우먼이 될 수 있을까, 20대의 빛나는 청춘을 타지에서 보내는 동안, 매일 성실하고 열심히 회사생활을 했지만 커리어는 마치 공부처럼 나의 노력만으로 정직하게 1+1=2와 같은 연산 결과로 다가오는 것이 아니었다. 경기침체가 되거나, 회사가 아시아 지역 사업을 축소하면 의지와는 상관없이 나의 커리어 방향이 바뀌어버렸다. 아무리 야근을 하고 나의 시간과 노력을 쏟아부어도 결과가 비례하지 않아서 허탈감과 무력감이 느껴졌다.

서른이 되고 나면 커리어적으로도 안정되고 여유로운 라이프 스타일을 가진 멋진 커리어우먼이 될 수 있을 줄 알았는데 스물아홉 무렵, 여전히 비슷한 하루하루를 보내는 나는 마음이 급해졌다. 그리고 서른이 다가오는 것이 두려웠다. 나의 의지와는 상관없이 급변하는 환경 속에서 방황하는 동안, 나만의 중심을 잡고 커리어를 잘 쌓아가려면 어떻게 해야 하는지 가르쳐주는 사람은 아무도 없었다. 그때 나는 결심했다. 나의 이런 시행착오들을 기록해나가면서 나중에 비슷한 고민을 가진 사람들에게 도움이 되어야겠다고. 해외취업에 성공한 것은 끝이 아니라 또 다른 시작임을, 어떻게 해야 조금 더 슬기롭고 야무지게 나다운 커리어 포트폴리오를 쌓아갈 수 있는지 나의 시도들을 기록으로 담아봐야겠다고 말이다. 그래서 조금씩 나의 이야기를 써 내려갔다.

아직도 나의 도전들은 완성형이 아닌 현재 진행 중이다. 매 도전마다 초보이기에 당연히 서투르고 어설프지만 나는 항상 지금 이 순간에도 나를 기다리고 있을 넥스트 스텝이 궁금하다. 최근에 업종을 전환하는 도전에 이르기까지, 난 한 번도 사람들이 흔히 말하는 적절한 시기에 시도한 것이 하나도 없었다. 모든 도전들이 전부 때를 놓친 '지각'에 가까웠다. 그래서 누군가는 무모하다고도 하고, 걱정의

눈길을 보내곤 했지만, 이제까지 한 도전들 중 후회
는 단 1%도 없었다. 해보고 후회할 수도 있겠지만
안 하고 미련이 남아서 후회하는 것보다 낫다고 생
각했다. 물론 도전하는 과정이 모두 즐겁기만 한 건
아니다. 때로는 힘들어서 중간에 내려놓고 싶기도
하고, 포기하고 싶을 때도 있다. 하지만 나의 최종
목표는 '성공'이 아닌 '성장'이기 때문에 급하게 생
각하지 않고 조금씩 성장하는 페이스를 유지하려고
했고 이 책은 그 과정을 담은 글의 기록들이다. 지
금 시점에서 서른의 나에게 말을 건다면, 그렇게 많
이 불안해하지 않아도 된다고, 당신만의 속도로 이
미 잘하고 있는 것이라는 말을 해주고 싶었다. 마찬
가지로 누군가가 나의 삽질의 기록들을 보면서 조
금이라도 용기를 얻을 수 있다면 보람 있을 것 같다.
지금 책을 읽고 있는 나의 독자들도 아직 가보지 않
은 길에 대한 두려움보다는 기대감과 설렘을 갖게
되면 좋겠다.

주변에서 뭐 하러 그렇게 열심히 사는 거냐고 핀
잔을 줄 때, 너무나 훌륭하게 잘하고 있다고 응원해
주고 어떻게 하면 더 효과적으로 나만의 브랜딩을

만들 수 있을지 한 발자국 먼저 간 선배로서 옆에서 응원해주는 러닝메이트 같은 사람이 되고 싶다. 일을 하면 할수록 스스로가 더욱 멋지다고 느낄 수 있었으면 좋겠다. 꿈을 더 이상 미래의 어느 시점에 올지도 모를 막연함이 아닌 지금 당장 이룰 수 있는 현재 진행형으로 두어도 괜찮다는 메시지가 전달되었으면 좋겠다. 아이스 아메리카노의 얼음 조각들이 어느새 따뜻한 에스프레소 속으로 모두 녹은 것처럼, 그렇게 녹아들었으면 하는 마음이다.

끝으로 이 책을 쓰기까지 도움을 준 사랑하는 남편, 이른 새벽과 늦은 밤 원고 쓰는 엄마를 이해해주는 소중한 두 딸 시연이와 시아, 항상 나의 모든 선택을 믿고 지지해준 엄마와 은영이, 그리고 나를 싱가포르와 한국에서 응원해준 친구들에게 감사의 인사를 보낸다.

1년 내내 푸른 싱가포르에서
이은진

당신이어서 해낼 수 있습니다

초판 1쇄 인쇄 2023년 7월 19일
초판 1쇄 발행 2023년 7월 27일

지은이 이은진
펴낸이 이승현

출판1 본부장 한수미
와이즈 팀장 장보라
편집 김혜영
디자인 STUDIO BEAR

펴낸곳 ㈜위즈덤하우스 **출판등록** 2000년 5월 23일 제13-1071호
주소 서울특별시 마포구 양화로 19 합정오피스빌딩 17층
전화 02) 2179-5600 **홈페이지** www.wisdomhouse.co.kr

ⓒ 이은진, 2023

ISBN 979-11-6812-673-2 03190